Uno scozzese in Sardegna

Uno scozzese in Sardegna

(Oppure… Minimo due anni)

Fraser Lauchlan

Traduzione di Chiara Maxia

TITOLO ORIGINALE

'BEING SCOTTISH IN ITALY'

(OR…I'LL GIVE IT TWO YEARS)

ISBN:
ISBN-13: 9781690762058

DEDICA

A John (Iain) Milne Lauchlan (3.7.1943 -- 3.11.2013)

Se trovi questo libro divertente, è grazie a lui. Mi ha
insegnato tutto ciò che so su come far ridere. Insieme a
tante altre cose.

CONTENUTI

RINGRAZIAMENTI

Ci sono così tante persone che vorrei ringraziare per avermi aiutato con la preparazione di questo libro, per lo più familiari e amici intimi, ma anche altri che mi hanno aiutato in qualche forma lungo il cammino. Le seguenti persone mi hanno dato un feedback su bozze precedenti di questo libro o su singoli capitoli originariamente pubblicati come blog, e alcune hanno anche contribuito direttamente con delle idee. Alcune delle seguenti persone sono apparse anche nel libro, sebbene la maggior parte dei nomi sia stata modificata a fini di privacy. In nessun ordine particolare, vorrei ringraziarvi perchè senza di voi, questo libro non sarebbe stato pubblicato: Serena Meloni, Nana Lauchlan, Dougie Lauchlan, Costantino Usai, Sonia Meloni, Rosetta Bernardo, Efisio Meloni, Derek Cooper, Norma Cooper, David McCubbin, Graham Christie, Phil Stringer, Brendan Lawlor, Patrick Tinley, Christy Kennedy, Marta Kadziela, Janette Black, Alan Black, Marco Hessels, Angela Quinn, Eleanor Hamilton, Dorothy Hill, Ronnie Hill, Ian King, Jim Boyle, Angela Stewart, Annie Smith,

Caroline Spinks, Polly Jones, Julie Kiddie, Rhona Larney, Adele Humphries, Clare Daly, Mhari Greenwood, Esra McCabe, Elisa Jones, Martha Ramsay, Paula Dudgeon, David Dunsmore, Gordon Harrow, Gearoid Loughnane, Valentina Simeone, Lorna Attia, Anna Nolan, Ana de Mentaberry, Colin Thomson, Shiona Thomson, John Thomson, Emma Happell, Paul McGill, Maurizio Atzeni, Valeria Atzeni, Maria Carme Parafita Couto, Lindsay Clayton, Alessio Saba, Simona Lecce, Laura Serra, Alessio Trois, Rachel Cole, Denise Bates, Anne Clare Brown, Rossella Locci, Neil Farquharson, Margaret Mary Moran, Bernie Moran, Valeria Carrucciu, Monia Piroddi, Giada Piroddi, Giorgio Mulas, Giorgio Piroddi, Daniela Ligas (senior), Daniela Ligas (junior) (che mi ha fornito delle informazioni dei costumi sardi), Gianfranco Meloni, Sandra Zago, Anna Puggioni, Giacomo Ligas, Enrica Busalla, Ottavio Atzeni, Anna Rita Spiga, Michela Atzeni, Angela Serra, Valeria Loi, Paola Mocci, Alice Zaniolo, Davide Zak, Fabio Catalano, Licia Rinoldi, Marcella Cuccureddu, Irene Pala e Ignazia Lampis (questi ultimi cinque mi hanno aiutato con l'editing dell'ultima versione del libro).

Non posso dimenticare Anna Salis, che mi ha dato l'idea di fare la traduzione del libro in italiano, Chiara Maxia che mi ha fatto la traduzione, e poi mia moglie e il mio grande amico Antonio Fregola che mi hanno aiutato ad affinare la traduzione pragmatica di alcuni passaggi. Per ultimo ma non in ordine di importanza, voglio ringraziare la talentuosa Maria Tedde che ha creato la copertina e la mappa della Sardegna.

Grazie a tutti!

Mappa della Sardegna

Prologo

Trasferirsi all'estero a qualsiasi età può comportare delle sfide, ma allo stesso tempo crea uno stato di eccitazione, soprattutto se ci si sta trasferendo in un paese con una lingua e una cultura parecchio diverse dalla propria. All'età di 36 anni, dopo aver vissuto quasi tutta la mia vita in Scozia, sono stato improvvisamente catapultato in questo scenario, e solo poche settimane dopo il trasferimento, ricordo vividamente la vista dell'enorme trasportatore articolato che percorreva la strada della nostra casa appena presa in affitto, portando con sé tutti i nostri preziosi beni che avevano viaggiato da Edimburgo; 2500 km e due tratte via mare. Ho pensato tra me e me, *"non è più possibile tornare indietro, Fraser"*. Almeno non a breve termine.

Ricordavo le parole del mio capo e mentore, Jim, che mi aveva sempre dato saggi consigli durante i 20 anni in cui lo avevo conosciuto, *"devi darti due anni di tempo, Fraser. Almeno due anni e poi decidi se ti piace o no "*. Mi raccontò la storia di sua cugina, Jean, che si trasferì con il marito in Canada quando aveva circa 30 anni. Incerta sull'emigrazione all'estero, aveva detto a Jim che sarebbe rimasta per circa due anni, dopo di che sarebbe tornata in Scozia. Quaranta anni dopo, era ancora lì. Mi ero ripromesso di ascoltare il consiglio di Jim. Darmi 2 anni di tempo e poi vedere.

Dopo esserci trasferiti, ho iniziato a prendere nota di alcune osservazioni della mia nuova vita: eventi, conversazioni, aneddoti. Ho trovato tutto affascinante. Cose buone, cose cattive, cose divertenti, e cose tristi. Questo libro si basa in gran parte sugli eventi di quei primi due anni in cui stavo cercando di essere *uno scozzese in Sardegna*.

CAPITOLO UNO

Origini

Tutti amano l'Italia. Ok, forse non tutti, ma di sicuro tanti. E io sono tra questi tanti. Mi sembra di averla sempre amata l'Italia e tutto ciò che è italiano. Ma se ripenso alla mia infanzia e adolescenza, posso individuare tre ragioni precise che mi hanno portato ad innamorarmi follemente del Bel Paese.

La prima ragione risale al 1982, l'anno dei mondiali in Spagna. Avevo dieci anni. Sorprendentemente, la Scozia si era qualificata per la coppa del mondo (in effetti, era l'epoca in cui ci qualificavamo sempre. Oggi sembra un millennio fa). All'inizio, mi ero preso una cotta per la squadra brasiliana: giocavano con una spavalderia e una sicurezza che non avevo mai visto prima, con giocatori come Zico, Socrates, Falcao e Junior, tanto per citarne qualcuno. Mi piacevano nonostante avessero stracciato la Scozia quattro a uno nel girone eliminatorio.

Il Brasile andò avanti. Tuttavia, trovarono pane per i loro denti ai quarti di finale, contro l'Italia in quello che fu un incontro elettrizzante, a cui a volte ci si riferisce come la miglior partita della storia. L'Italia vinse tre a due, con una tripletta di Paolo Rossi, e ho ancora ricordi molto vividi in proposito. Probabilmente è stata la miglior partita che abbia mai visto giocare in tutti gli anni che ho seguito il calcio. Ragion per cui, il mio sostegno passò velocemente agli italiani. L'Italia vinse la Coppa del Mondo tre a uno contro la Germania Ovest, a Madrid, l'undici luglio 1982. Con le loro maglie di un azzurro acceso (anni dopo scoprii che la squadra italiana era anche conosciuta come Azzurri) e i loro calzoncini di un bianco scintillante, li vidi umiliare una forte Germania Ovest con nomi del calibro di Rummenigge, Breitner e Littbarski.

Tutti coloro che guardarono quella partita ricorderanno l'immagine emblematica di Marco Tardelli che segna il secondo e decisivo goal, correndo da un lato del campo all'altro, con la bocca spalancata, gli occhi vividi e ardenti, brucianti della soddisfazione di aver fatto qualcosa di grande. Le braccia spalancate tipo aeroplano, abbinate alla testa che andava da una parte e dall'altra. È un'immagine che riprodussi tutta l'estate ogni volta che segnavo giù al parco, quando giocavo con gli amici. Per me, la corsa di Marco Tardelli sintetizzava la passione, la vivacità, la *joie de vivre* che amavo degli italiani. Da quel giorno, raggiunsi un punto di non ritorno.

Sono cresciuto a Kilmarnock, una cittadina nel sud-ovest della Scozia. Non c'erano molti italiani, i pochi che c'erano gestivano gelaterie, alimentari o fish and chips. Uno dei miei posti preferiti da ragazzino era la gelateria Varani, conosciuta anche come 'The Forum', che esiste ancora oggi. È praticamente un'istituzione, lì a Kilmarnock. Tutti gli abitanti, e anche quelli delle città vicine, conoscono The Forum. Fanno quello che molti considerano il miglior gelato al gusto di vaniglia della zona.

The Forum, e gli altri negozi disseminati per Kilmarnock, erano gestiti dalle famiglie italiane della città: spesso succedeva che tutta la famiglia desse una mano in negozio. Andavo in uno di questi negozi ogni giorno per comprarmi una bustina di Penny Sweets da dieci pence, una Texan Bar, un pacchetto di Spangles, o qualcos'altro che probabilmente oggi non esiste più. Andavo in un negozio in particolare, non perché era vicino casa, o perché era sulla strada di scuola, ma perché la commessa era la ragazza più bella che avessi mai visto. Francesca aveva i capelli lunghi, scuri e ricci, il colore della pelle era di una tonalità che raramente si vede nel freddo e umido sud-ovest scozzese (erano gli anni '80, prima che i lettini abbronzanti spopolassero, e comunque la sua pelle era di un colore autenticamente scuro, non tipo cuoio malconcio). Aveva grandi occhi castani, e un corpo stupendo. La amavo. Era decisamente fuori dalla mia portata (aveva tre anni più di me, tanto per cominciare), e infatti l'amore non fu mai corrisposto. Questa fu la seconda ragione per cui mi innamorai dell'Italia, o, più precisamente, di un'italiana. E quell'amore non corrisposto non fece altro che incrementare la mia attrazione, e alimentare la mia ossessione dura a morire per tutto ciò che è italiano.

Il terzo motivo per cui mi innamorai ebbe luogo più o meno nello stesso periodo. Era il 1985. Andai al cinema a vedere un film. Non *Ghostbusters*, o *Ritorno al Futuro*. Si chiamava *Camera con Vista*. Era la trasposizione del romanzo di Foster, con Daniel Day Lewis e Helena Bonham-Carter. Il film (e il libro) è per la maggior parte ambientato in Toscana, in particolare a Firenze e nelle campagne. Amavo questo film incondizionatamente. Mi innamorai di Firenze, e di tutti gli ambienti che il film riprendeva (e forse Helena Bonham-Carter mi influenzò un po', se devo essere onesto). Sapevo che dovevo visitare quei luoghi.

Dopo dieci anni, ero un ventenne che faceva l'università giù in Inghilterra. Feci amicizia con un gruppo di studenti di Cagliari, il capoluogo della Sardegna. Stavano facendo uno scambio culturale per circa sei mesi. Iniziai a uscire con una di loro, Stefania. Era ancora meglio di Francesca, o di

Helena Bonham-Carter. Stefania era reale. Aveva lunghi capelli ricci, occhi stupendi, era stupenda dappertutto. Mi innamorai dell'Italia per la quarta volta.

Io e Stefania stiamo insieme da allora. Io sono scozzese. Lei è italiana. Eravamo un buon mix culturale. O almeno lo pensavamo. Alla fine, il libro parla di questo. Ci siamo trasferiti in Sardegna nel 2009, dopo quasi dieci anni di matrimonio e vita a Edimburgo. Stefania voleva assolutamente tornare a casa, soprattutto perché non ne poteva più del clima scozzese, dopo averci avuto a che fare così a lungo. Ma voleva anche star più vicino ai suoi, dopo l'arrivo dei nostri bambini.

Il trasferimento a Cagliari fu un'esperienza davvero illuminante per me. L'avevo visitata diverse volte prima: vacanze estive, Natali, Pasque e così via. Ma viverci era qualcos'altro. Iniziai a notare che molti aspetti della vita italiana sono diversi, e intendo **molto diversi**, dalla mia vita in Scozia. Ma prima di parlare di ciò, è opportuno tornare un po' indietro. C'è una storia da raccontare prima di lasciare il suolo scozzese.

CAPITOLO DUE

Il trasferimento

Il trasferimento in Sardegna non fu semplice. Passarono più di due anni dal momento della nostra decisione al trasloco vero e proprio. Io e Stefania eravamo sposati da sei anni, e stavamo insieme da quasi dieci. Abitavamo a Edimburgo con i nostri due bambini, Luca e Anna. Stefania viveva in Scozia più o meno da quando ci eravamo conosciuti.

Era una normale mattinata di novembre, quando uscii di casa per andare al lavoro. 'Normale' per noi scozzesi significa che era una mattinata fredda, grigia e piovosa. Il sole era nascosto da qualche parte (durante l'inverno in Scozia il sole va in letargo). Non avevo notato niente di particolarmente strano nell'umore di mia moglie quella mattina e non mi era venuto da rimuginare su niente di quello che ci eravamo detti a casa (ah, tra l'altro sono uno psicologo. No, non ridete, è vero). Ad ogni modo, qualche ora dopo, durante una riunione, ricevetti un sms…

"NE HO ABBASTANZA. VOGLIO TORNARE A CASA".

Il problema con la tecnologia è che non sempre riusciamo a captare accuratamente il significato di quello che leggiamo. Il mio primo pensiero fu:

"Dov'è? Non è a casa adesso? Che è successo?",

a cui però seguì la lenta realizzazione che Stefania, anche dopo dieci anni a Edimburgo, per casa intendeva Sardegna. Tale pensiero fu però seguito da un atroce dubbio:

"Faccio parte anch'io del suo piano di tornare 'a casa'?"

Immagino non sia il modo ideale di venire a sapere che la tua vita sta per cambiare, ma vabbè, l'ho scoperto così. Quella sera, dopo aver messo i bambini a letto (Luca stava per compiere tre anni, Anna aveva appena quattro mesi), avemmo finalmente occasione di parlare. E io ebbi occasione di fare domande. Sentivo che sarebbe stato giusto iniziare con quelle più importanti:

"Ci sono anch'io nei tuoi piani?",

seguito da:

"Intendevi che ne hai abbastanza di me?"

Mi pareva fossero domande sensate. Dopotutto, avevamo avuto i nostri alti e bassi, come tutte le coppie. In linea di massima andavamo molto d'accordo, ma gli ultimi mesi, dopo la nascita di Anna, erano stati abbastanza difficili, lasciandoci poco tempo prezioso per noi e portandoci inevitabilmente a più litigi di quanto fossimo stati abituati nei nostri dieci anni assieme.

Non mi sarei dovuto preoccupare. Stefania mi rise in faccia e rispose:

"certo che ci sei anche tu, jollone!" (nonostante i dieci anni di Scozia, non si era dimenticata del gergo cagliaritano).

Mi piacerebbe pensare che perlopiù il suo invitarmi a trasferirmi con lei fu dato dal fatto che era ancora follemente innamorata di me dopo tutti questi anni, e che trovava il mio fascino e la mia personalità irresistibili. Tuttavia, forse dovrei considerare alcune statistiche: l'Italia ha uno dei più bassi tassi di divorzio in Europa (solo il

Portogallo ne ha uno inferiore, e ambedue sono considerevolmente più bassi del Regno Unito), e, mentre mi sarebbe piaciuto pensare diversamente, forse questo aspetto culturale influì sul processo decisionale di mia moglie. Mah, forse la verità stava nel mezzo.

Fortunatamente per me, il desiderio di Stefania di tornare a casa aveva alcuni vantaggi. La Sardegna, l'isola italiana nel cuore del Mediterraneo, era considerata il fiore all'occhiello del paese: spiagge stupende, clima fantastico e un conseguente stile di vita in accordo con i ritmi rilassati che avevo sempre invidiato. Iniziai a gasarmi.

"Quando partiamo? Che faccio, inizio a fare i bagagli?"

Stefania smorzò in fretta il mio entusiasmo.

"Non possiamo partire ancora, dobbiamo trovare lavoro lì. Come facciamo a sostenere due bambini sennò?"

Ovviamente non aveva tutti i torti. Mi stavo lasciando trasportare troppo in fretta dall'entusiasmo di trasferirmi al sole. Dovete considerare che era novembre in Scozia e il sole non si vedeva già da due mesi. Quello che però non avevo considerato, era quanto ci sarebbe voluto a trovare lavoro in Sardegna.

L'Italia è un paese molto diversificato, sotto vari aspetti. Ma probabilmente la differenza più significativa sta nel divario tra il Nord e il Sud. Climaticamente, culturalmente, e, ciò che più contava per il nostro possibile trasferimento, economicamente, la Sardegna viene considerata parte del Sud Italia (anche se moltissimi sardi, soprattutto separatisti, dichiarano che l'isola è al di fuori di questa dicotomia).

Con questo cosa voglio dire? In parole povere, ci sono meno soldi al sud, meno lavoro, meno prospettive e più difficoltà finanziarie per tutti. Il contrasto con il ricco e prosperoso Nord è piuttosto evidente, soprattutto se parliamo del mercato del lavoro. C'erano poche prospettive lavorative lì in Sardegna, soprattutto per me. Dovevamo avere pazienza.

CAPITOLO TRE

La lingua italiana

Dopo che le acque si erano calmate da quel giorno decisivo di novembre, iniziai a nutrire qualche dubbio sul trasferimento. Quando io e Stefania, molti anni fa, ci conoscemmo all'università, e quando cominciammo a capire che stavamo entrando in una relazione seria, dovemmo discutere se effettivamente avrebbe potuto funzionare. Io ero scozzese, lei italiana. Allora, la mia vita era nel Regno Unito, stavo facendo la specializzazione all'università, mentre Stefania doveva ancora prendere la prima laurea in Italia (come già accennato, era venuta in Inghilterra solo per pochi mesi). Stefania disse che avrebbe voluto trasferirsi in Scozia dopo gli studi. In cambio, dissi che se lei era pronta a fare un passo del genere, allora era giusto che ricambiassi il gesto: se, in qualunque momento, fosse voluta tornare a casa, sarei stato pronto a seguirla in Sardegna. Mi sembrava naturale: come può altrimenti funzionare una relazione seria? Non sapevo quanto tempo ci sarebbe voluto prima che quella promessa dovesse essere mantenuta.

C'era una grossa differenza, però, rispetto a quando le avevo fatto quella promessa dieci anni prima. Adesso avevamo figli, e di conseguenza la promessa di seguirla era, a conti fatti, molto più grande e significativa di quella fatta da uno studente di ventiquattro anni. Dovevo tener conto anche della mia famiglia, non solo per l'impatto che il trasferimento in Sardegna avrebbe avuto sulle relazioni dei miei figli con i nonni, gli zii e così via, ma c'era qualcos'altro, ai miei occhi molto più importante. I miei figli sarebbero cresciuti come italiani col padre scozzese, non scozzesi con la mamma italiana. Non ci avevo mai pensato prima.

Non fraintendetemi: non avevo niente in contrario a far crescere i bambini da italiani, tutt'altro. Come già detto nel primo capitolo, amo tutto ciò che è italiano da quando avevo dieci anni. C'è qualcosa degli italiani e dell'Italia che ha sempre catturato la mia attenzione. E quando conobbi Stefania, quest'ammirazione mutò in modo significativo in un grande amore che comprendeva anche lo studio della lingua italiana.

Dopo sei mesi insieme, Stefania dovette tornare

in Italia per un po' per finire gli studi. Fu allora che facemmo il patto di essere aperti al fatto di vivere l'uno nel paese dell'altra. A quel punto della mia vita non avevo mai visitato l'Italia, ma dopo alcuni mesi, subito dopo Natale, rimediai. Prima della mia partenza, mi ero messo d'impegno per imparare un po' di italiano. C'era un motivo particolare, oltre al fatto che avevo sempre voluto imparare la lingua, che mi aveva sempre colpito come qualcosa di meraviglioso, per cui mi ero deciso a parlare italiano: il padre di Stefania, quando la figlia gli telefonò annunciandogli che aveva conosciuto una persona speciale in Gran Bretagna e che sperava di presentarglielo presto, era, diciamo, poco entusiasta.

Nella cultura italiana, soprattutto al Sud, presentare il proprio ragazzo o ragazza ai genitori è un segnale piuttosto forte: è una dichiarazione di impegno, che va oltre la semplice presentazione di un boyfriend o girlfriend nella cultura britannica. Quando presenti il tuo ragazzo ai tuoi, non è più il tuo ragazzo, ma il tuo *fidanzato*. Insomma, senza che io lo realizzassi, stavo per essere proiettato in un ambiente in cui si aspettavano, se non prima certamente poi, che sposassi Stefania. Nonostante il fatto che fino ad allora non c'era stata né una proposta di matrimonio o una discussione seria a riguardo.

Comunque, la mia motivazione ad imparare l'italiano nacque dalla reazione del padre di Stefania alla notizia che la figlia aveva conosciuto qualcuno con cui molto probabilmente stava nascendo una storia seria. La leggenda narra che si fosse girato verso la moglie, adesso mia suocera, e avesse detto: "Ma che scherzo è? Tanto vale che mi prenda quella sedia come genero, di sicuro ci parlerei di più".

Dovevo fargliela vedere. Io ero *capace* di imparare la sua lingua. Io potevo parlare tanto quanto quella sedia.

Studiai trenta minuti ogni notte per ben tre mesi. Ogni notte, sette giorni su sette, tre mesi. Alla fine, qualcosa la assimilai. Era la cosa migliore che avessi mai fatto. Mentre non posso certo dire di aver avuto un eloquio fluente già dalla prima visita, di certo quello studio mi diede una solida base su cui costruire di più a ogni successivo viaggio. Dopo un altro paio di visite in Sardegna, potevo annunciare con orgoglio che sapevo l'italiano: un sogno. Un sogno con l'invidia dei mei amici scozzesi, che come me avevano lottato per imparare le basi del francese o del tedesco al liceo, soprattutto per il modo in cui veniva insegnato (esatto, niente a che vedere con la nostra completa incapacità di imparare le lingue).

Il padre di Stefania era rimasto colpito. Mi ricordo ancora la fine del nostro primo incontro: mi prese da una parte in cucina per farmi sapere che mi considerava un bravo ragazzo, e che era favorevolmente stupito da come parlassi l'italiano.

Ce l'avevo fatta. Avevo vinto la sfida. Non era stato affatto facile, ma c'ero riuscito. Avevo spianato la strada per poter pensare a un impegno più grande. Tre anni dopo, eravamo sposati.

CAPITOLO QUATTRO

Il concorso

Ho già detto quanto sarebbe stato difficile trovare lavoro in Sardegna, e di come Stefania mi aveva avvisato di essere paziente dopo la decisione di tornare a casa. Quello che non avevo capito era quanto il processo sarebbe stato lungo, doloroso e snervante. Per i lettori italiani, o chiunque sappia qualcosa dell'Italia, sarete sorpresi dal mio tentativo di spiegare cos'è un concorso pubblico. A prima vista sembra una parola molto inoffensiva, ma la verità è che per gli italiani, e per chiunque si sia candidato per un lavoro nel settore pubblico in Italia, simboleggia un'esperienza dolorosa, stressante e potenzialmente dannosa che consumerà la tua vita per diciotto mesi se non di più.

Crescendo in Scozia, ho sempre pensato che la procedura per diventare un dipendente statale fosse, come tanti altri lavori, piuttosto lineare:

1. Riempi un modulo di candidatura,
2. Se sei fortunato, un po' di tempo dopo ti chiamano per un colloquio,
3. Se te la cavi bene al colloquio potresti ottenere il lavoro,
4. Se non ti ritengono adatto ne vieni informato, e sai che ci saranno altre opportunità all'orizzonte. In alcuni casi, ti danno anche consigli per far meglio ai prossimi colloqui.

In Italia non funziona così. Cristo, come vorrei che fosse diverso. Mi sarei risparmiato un sacco di stress, ansia, e probabilmente avrei ancora tutti i capelli. Per darvi un'idea di come funziona *il concorso*, descriverò con precisione quel che ha dovuto passare Stefania per "vincere" un lavoro alla Regione Sardegna:

1. Riempi un modulo di candidatura,
2. Voli da Edimburgo a Cagliari per un esame a crocette a tema epidemiologia e bio-statistica (per il quale hai studiato disperatamente mentre cercavi di tenerti il tuo lavoro attuale e badare a due bambini) con altri centocinquanta

candidati, portando con te tua figlia di dieci mesi perché stai ancora allattando,

3. Aspetti diverse settimane, e ti informano che l'esame è andato bene. Sei passata alla seconda fase. Adesso devi studiare per il prossimo esame: uno scritto, che avrà luogo nei prossimi tre-sei mesi (data da confermare),

4. Cinque mesi dopo voli di nuovo in Sardegna, e sostieni lo scritto con altri venticinque candidati, sempre con tua figlia, lasciando tuo marito col bambino di tre anni a Edimburgo,

5. Aspetti diverse settimane, e ti informano che l'esame è andato bene, e sei passata alla terza fase: l'orale. Di nuovo, luogo e data da decidersi nei prossimi tre-sei mesi (n.d.a: in passato sbagliai annunciando che Stefania era stata selezionata per il colloquio. Come mi è stato detto più volte: non è un colloquio, è un esame orale). Ancora, devi studiare intensamente per questa fase del concorso, mentre cerchi di tenerti il lavoro che hai al momento e aiutare a badare a due bambini (altra nota: la verità è che le

responsabilità familiari caddero tutte su di me mentre Stefania studiava, mentre anch'io provavo a tenermi il mio lavoro di allora... di sicuro mi merito qualche riconoscimento formale).

6. Voli di nuovo in Sardegna per l'esame orale, assieme ad altri quattro candidati.

7. Aspetti molte altre settimane prima che ti venga detto che hai completato il concorso, e ti sei qualificata terza sui centocinquanta che si erano candidati. Sfortunatamente, ciò significa che non ti viene ancora offerto il lavoro, ma sei su una lista d'attesa, assieme agli altri quattro candidati all'esame orale. Questa lista scade tra diciotto mesi e, se nel frattempo saltano fuori i fondi necessari, ti chiameranno per darti il lavoro.

8. Aspetti un anno (sì, avete letto bene, UN ANNO) e ricevi una telefonata che ti informa che l'assessore alla salute della Regione Sardegna vorrebbe incontrarti. Fai il colloquio con questa persona (fortunatamente capiti proprio in Sardegna per le vacanze, sennò dovevi ri-volare dalla Scozia) durante il quale sembra

chiaro che presto ti chiameranno a lavorare, anche se non viene detto esplicitamente.

9. Aspetta altri tre mesi e finalmente arriva una lettera a casa dei tuoi genitori in Sardegna: ti è stato offerto un lavoro full-time e a tempo indeterminato. Lavorerai come "Funzionario: Esperto in epidemiologia e bio-statistica" (traduzione: qualcosa che ha a che fare con la sanità pubblica).

Il processo è molto più lungo e molto più complicato di quello al quale sono abituato in Scozia, e, anche se riconosco che alcuni dei dettagli qua sopra rimandano alla nostra situazione vivendo in Scozia, quello appena descritto è un quadro piuttosto accurato di ciò a cui uno va incontro quando si candida per un incarico pubblico in Italia. Il senso di frustrazione cresceva con il passare del tempo ma facevo del mio meglio per dimostrarmi d'aiuto. Tuttavia, tra i passaggi 8 e 9 la mia pazienza e comprensione vennero spinte ai loro massimi limiti: non riuscivo proprio a capire come, dopo diversi esami passati bene e l'incontro col più alto funzionario dell'ufficio, non ci fossero per Stefania possibilità di lavoro più concrete di quando era iniziato tutto due anni prima.

Il periodo di limbo tra i passaggi otto e nove è un ricordo tutt'altro che sfumato. Rammento una cena con amici una domenica, in cui mi ero imbarcato in un discorso aggressivo e, come Stefania ama ricordarmi, alimentato dall'alcol, riguardo al sistema incompetente e incomprensibile del concorso italiano, e della fortuna dei nostri amici scozzesi che non avevano mai avuto esperienza di questo degrado culturale.

Il giorno dopo chiamarono Stefania. Eccoci, adesso dovevamo fare i bagagli per davvero. Forse mi avevano sentito.

CAPITOLO CINQUE

La burocrazia

L e mie frustrazioni riguardo il ritmo sonnolento degli italiani nel fare cose che sembrano semplici compiti d'amministrazione continuarono anche dopo il nostro arrivo. So bene che ci sono tonnellate di articoli, libri, barzellette, e probabilmente documentari basati sull'assurdità della burocrazia italiana, quindi il massimo che posso fare è condividere la mia esperienza personale e lasciar decidere a voi cosa pensare.

Ovviamente, una priorità una volta atterrati sul suolo sardo era trovare un posto dove stare. Grazie al cielo, i genitori di Stefania si offrirono di ospitarci finché non avessimo trovato un appartamento. Vivevano a Cagliari, dove Stefania aveva trovato lavoro, e ci saremmo stabiliti lì. La nostra ingenuità ci portò a credere che avremmo trovato una casa in affitto abbastanza in fretta e che la nostra imposizione dai miei suoceri sarebbe stata breve.

Quanto ci sbagliavamo.

In realtà trovammo un appartamento molto bello piuttosto in fretta. Il problema non fu quello. Infatti, iniziammo a pagare l'affitto quasi subito dopo aver firmato il contratto col padrone di casa, Signor Rossi. I Signori Rossi (Signor Rossi e Signora), assieme alla loro figlia sedicenne Martina, erano i padroni di casa migliori che uno possa sperare.

I Rossi ci offrivano spesso prodotti del loro giardino, che aveva alberi di limoni, olive, fichi e melograni. Praticamente un frutteto. Avevano un forno sardo (un tipo di forno speciale che normalmente è fatto di mattoni e posizionato fuori o in balcone) che usavano per fare il pane che poi ci portavano di sopra. Erano fantastici. Pensavo pure che potessero dirci "non vi preoccupate dell'affitto questo mese. Per questa volta non importa", ma probabilmente correvo troppo con la fantasia. Infatti, non lo dissero mai. Il loro giardino era enorme e i bambini avevano preso l'abitudine, dopo qualche mese, di andare al piano di sotto e chiedere se potessero star lì a giocare. I Rossi non si lamentarono mai: in effetti li ospitavano con entusiasmo e a volte i bambini stavano lì interi pomeriggi.

I Rossi avevano costruito sul tetto della loro proprietà un appartamento con due stanze da letto e un esteso terrazzo che ci dava la possibilità di sederci fuori, stendere, e, mia attività preferita, bere e mangiare all'aperto. Tutto con una vista strepitosa sulla spiaggia del Poetto da una parte e sulle colline dall'altra.

Qui è parecchio comune costruire sopra la tua proprietà, di solito perché un giorno possano andarci ad abitare i tuoi figli. Infatti, il Signor Rossi ammise che era quella la ragione che lo aveva spinto a costruire. Non riesco ad immaginare neanche lontanamente una cosa del genere nel Regno Unito. Il pensiero di vivere così vicino i genitori per tutta la vita (o la vita dei tuoi genitori) non viene nemmeno in mente. Ciò evidenzia un'altra differenza culturale tra qui e su a casa. La maggior parte dei ragazzi anglosassoni non vede l'ora di andar via: spesso non appena vanno all'università o quando trovano lavoro (intorno ai diciotto o diciannove anni). Qui è molto diverso: non è raro restare a vivere dai tuoi fino ai trenta, a volte quarant'anni, e andarsene solo quando ti sposi. Un cugino di Stefania, Maurizio, viveva ancora con la madre quando compì quarant'anni. Era un avvocato, aveva un buon stipendio e andava in giro con una costosissima macchina sportiva. Aveva anche una fidanzata deliziosa, ma per qualche motivo non voleva andarsene dalla sua famiglia di origine; la sua ragazza alla fine si stancò di aspettare (erano fidanzati da oltre vent'anni) e si fidanzò con qualcun altro… E come darle torto!

Comunque, tornando alla storia: trovare l'appartamento non fu il problema. Il problema era attivare le varie utenze, così che potessimo davvero abitare lì. A meno che non volessimo vivere in un posto senz'acqua o elettricità.

Per prima cosa dovevamo accordarci perché ci fornissero l'elettricità. Non fu facile. Oltre alla documentazione redatta dal Signor Rossi, dovevamo avere la residenza a Cagliari. Qui cominciarono i guai. Lo stato di residenza in Italia può essere qualcosa di piuttosto complicato. Stefania sapeva che doveva ottenerla il più presto possibile. Per una miriade di motivi, la sua residenza in Italia sarebbe stata essenziale. Il problema è che, per tutto ciò che comprende un procedimento burocratico italiano, niente è semplice.

Stefania doveva informare il consolato italiano di Edimburgo che adesso viveva a Cagliari e che la sua permanenza (dieci anni!) in Scozia era terminata. Solo allora avrebbe potuto chiedere la residenza in Italia. Il problema, tuttavia, è che la sua residenza in Italia, prima di trasferirsi nel Regno Unito, non era a Cagliari, ma in una cittadina a novanta chilometri a nord di Cagliari, San Vito. Quindi, per trasferire la residenza, doveva presentarsi al comune di San Vito con il contratto d'affitto per presentare istanza, poi andare al comune di Cagliari, dove le avrebbero dato la documentazione necessaria. Tutto all'interno delle solite ore lavorative (e questi posti sono aperti per poche ore). Ogni volta, inoltre, avrebbe dovuto fare una fila considerevole, anche se per parlare di questo ci vorrebbe un altro libro (non ho ancora capito bene come funziona la procedura).

Solo dopo potemmo completare la domanda perché arrivasse la luce in casa. Ma sottolineo il "completare". Non significa che l'elettricità potesse venir connessa immediatamente. La domanda dev'essere esaminata, il che comporta diversi giorni, nel nostro caso una settimana. Finalmente, una lettera arrivò a casa (dove ancora non potevamo abitare), la nostra richiesta ci era stata accordata.

Se questo sembra laborioso, ebbene c'è dell'altro. La domanda per l'acqua fu altrettanto difficile. Comunque, sei settimane dopo aver firmato il contratto d'affitto, avevamo la nostra nuova casa: un delizioso trilocale con un altrettanto delizioso terrazzo con vista. Eravamo contenti. Tuttavia, la nostra frustrazione nello stabilirci a Cagliari non finì lì. Non inizio nemmeno a raccontarvi quanto ci volle per comprare una macchina. Fu ugualmente complicato. Credo che alla fine ce la consegnarono dopo due mesi.

È inutile che io chieda a Stefania *"perché qui è tutto così complicato?"*, perché mi risponde *"e perché lassù è tutto così semplice?"*. Io penso sempre che "semplice" equivalga a migliore. Magari dovrei smettere.

CAPITOLO SEI

Religione

È difficile vivere in Sardegna e non essere toccati in alcun modo dalla religione. Dal nostro terrazzo sentivo le campane della chiesa che ogni mattina e ogni sera chiamavano i parrocchiani a messa. Non so perché, ma è un suono rassicurante. Non che io senta le campane e vada a messa, ma sapere che c'è gente che lo fa sembra darmi un senso di sicurezza.

Vado ogni tanto in chiesa, non spesso come dovrei, ma ciò che mi ha affascinato da quando ci siamo trasferiti qui è il notare la centralità della chiesa nella vita della comunità, specialmente nei paesini e città intorno a Cagliari, ma anche nella stessa Cagliari. Probabilmente era così anche in

Scozia quaranta o cinquant'anni fa (o forse lo è ancora in qualche posto remoto di cui non ho conoscenza).

Di solito le chiese hanno un campetto da calcio o pallacanestro aperto ai giovani del posto: di sera questi campi si riempiono di ragazzi, la cui maggior parte non mette piede in chiesa da anni, ma ha ancora contatti con la parrocchia. Il prete solitamente è lì intorno, e spesso si unisce ai giochi per provare a reclutare nuovi parrocchiani mentre gli fa il tunnel.

Le statistiche suggeriscono che rispetto a prima sono molti di meno quelli che frequentano la chiesa, ma è difficile essere d'accordo, notando le chiese stracolme che ho visto da quando ci siamo trasferiti. Forse ci son meno chiese, non so, ma a uno non viene l'impressione che si ha in Scozia, dove ci saranno una dozzina di persone sparpagliate in una cappella grande e vuota. Le chiese in cui sono stato qui sono strapiene, a volte è solo una stanza senza posti a sedere, spesso comprendono un coro con accompagnamento di chitarra, flauto e tastiere, ogni tanto anche una batteria. Il canto è meraviglioso, e a volte include armonie piuttosto complicate. I fedeli possono prendervi parte o solo sedersi e ascoltare. C'è una bella atmosfera, che ti fa venir voglia di essere parte di ciò che vedi, anche se hai sempre avuto sentimenti ambivalenti sul culto organizzato. Sfido chiunque - credenti, agnostici, atei - a partecipare a una di queste messe e a non sentire neanche un brivido lungo la schiena.

Il nostro primo incontro con la chiesa, tuttavia, non fu dei migliori. Era un mese dopo il nostro arrivo nella casa nuova, non eravamo ancora andati a messa nella chiesa in fondo alla strada. I miei erano venuti in visita dalla Scozia, era Venerdì Santo. Verso sera, alla faccia della tradizione cattolica che comprende astinenza e digiuno di Venerdì Santo, avevamo deciso di prendere delle pizze da mangiare a casa. Non avevamo messo in conto la punizione a cui saremo andati incontro.

Ero andato a prendere le pizze vicino casa con mio padre, in macchina, così sarebbero rimaste calde. Al ritorno, Stefania mi chiamò al cellulare. Era agitata, e mi scatenò istantaneamente il panico:

"C'è la processione. È enorme. Con polizia e tutto. Stanno chiudendo le strade".

Come sia potuto accadere nella frazione di tempo tra adesso e quando eravamo usciti di casa, non lo so. Ok, c'era la fila in pizzeria, ma non eravamo stati via più di mezz'ora. Nel frattempo, circa un centinaio di persone si erano riunite fuori dalla chiesa e la polizia si era organizzata per chiudere le strade dove i fedeli sarebbero passati… tra cui la nostra strada.

Per uno straniero, assistere alla processione del Venerdì Santo può essere vagamente spaventoso. I partecipanti sono abbastanza seri e cupi, per ovvie ragioni (per i profani, questo è il giorno in cui Gesù fu crocifisso). Un gruppo apre la fila portando una grande statua della Madonna (più o meno la stazza di un adulto), e il prete conduce i fedeli con un loop continuo di preghiere. La processione può anche includere l'odiosa vista di persone vestite con tuniche e cappucci bianchi, che potrebbero sembrare un omaggio al Ku Klux Klan, ma che in realtà rappresentano le centinaia di persone che non fecero niente per salvare Cristo dal suo destino. Una volta sono andato a una di queste processioni a Iglesias, a cinquanta chilometri da Cagliari, dove sono famosi per la processione del Venerdì Santo, e devo ammettere che ne è valsa la pena, nonostante la stranezza.

Comunque, tornando alla mia situazione: Stefania mi avvisò che erano appena passati sotto casa, e che quindi sarebbe stato saggio prendere una strada diversa e parcheggiare un po' più lontano, dal momento che non avrei trovato parcheggio vicino a casa. Nessun problema... pensavo ingenuamente. Trovai parcheggio a qualche centinaio di metri.

Uscimmo dalla macchina, io e mio padre, con una pila di pizze e una busta piena di bottiglie di birra, e ci incamminammo velocemente. Non appena girammo l'angolo incontrammo l'intera processione che veniva verso di noi. Questa sarebbe finita male. Il prete guidava la processione urlando le preghiere, con i fedeli che ripetevano.

Che avremmo fatto? Non potevamo tornare indietro (le pizze stavano diventando fredde e comunque non avremmo potuto spostare la macchina) quindi l'unica era sorridere e camminare stoicamente verso la fiumana di fedeli. Ci sentivamo così in colpa che non li guardammo neanche negli occhi. Li superammo a testa bassa, con la pila di pizze e le bottiglie che sbatacchiavano l'una contro l'altra in fondo alla busta. Ad un certo punto alzai timidamente lo sguardo e vidi venti paia di occhi che mi fissavano con aria papale, di sicuro condannandomi alla dannazione eterna solo per aver pensato di cenare con pizza e birra di Venerdì Santo. Sono perfino sicuro di averne visto un paio scuotere la testa...

La storia non finisce qui. La settimana dopo, i miei erano a casa nostra da soli quando sentirono suonare il campanello, ed ecco, chi altro poteva essere se non il prete. Il primo pensiero di mio padre fu che stava per essere ufficialmente scomunicato per il crimine del venerdì prima. Tuttavia, era il solito giro di benedizione delle case dopo la Pasqua, come vuole la tradizione qui. Il prete entra in casa, spruzza un po' di acqua benedetta, camere da letto comprese, e fa una piccola preghiera per i membri della famiglia. Ma il prete aveva riconosciuto mio padre? Non possiamo saperlo. Non ha mai detto niente e papà ovviamente nemmeno.

Per quanto riguarda l'incenso, per quelli che non lo sanno, la tradizione comporta far dondolare un vaso bronzeo che emette un fumo fragrante, simbolo delle preghiere dei fedeli che salgono al cielo. Per fortuna che qui non mettono allarmi antincendio dappertutto come in Regno Unito, altrimenti dopo ogni Pasqua ci sarebbe uno scoppio simultaneo di rumori assordanti e tutti penserebbero che è cominciato l'Armageddon.

Perché non ci sono allarmi antincendio in Italia? Stefania mi ha spiegato che qui le case sono fatte di pietra e mattoni (e senza carta da parati), e siccome non c'è nemmeno la moquette (tutte le case hanno il pavimento di pietra o marmo), non ce n'è bisogno. Ma quando ho chiesto se non ci fossero mai incendi domestici in Italia, mi ha solo ignorato, il che di solito significa che non ha altro da aggiungere. Quindi, la verità è che non so perché non ci sono allarmi antincendio nelle case italiane. Devo informarmi.

CAPITOLO SETTE

Cappuccino

Circa dopo quattro mesi dal nostro arrivo, Stefania mi guardò e chiese: "*ma lo sai che stai ingrassando?*". Non era una domanda in senso lato. Non era neanche il modo migliore di iniziare la giornata, ma dopo essermi guardato allo specchio, pensai "mmm... forse ha ragione". Premessa: sono stato magro come un chiodo tutta la vita. Un'espressione scozzese che mi è stata detta un miliardo di volte, sia da bambino che da adulto, dice: "Ho visto più carne sulla matita del macellaio". Ma da quando ci eravamo trasferiti, avevo iniziato a metter su peso. Infatti, dopo il commento di Stefania mi pesai, e scoprii che non ero mai stato così grasso.

Perché? Per come la vedo io, la risposta è dietro una particolare abitudine che mi sono preso pressappoco da appena arrivati a cui non posso resistere: ogni mattina, tra le dieci e mezza e le undici, mi sembra impossibile non passare al bar per pasta e cappuccino.

L'andare al bar è una delle abitudini culturali di qui che adoro di più. Tanti bar sono molto curati e gli espositori sono così ornamentali e grandiosi che pare mi invitino loro ad entrare. Le vetrine sotto il bancone di marmo, piene di paste di tutte le forme che ti fanno venire l'acquolina in bocca, e le macchine del caffè scintillanti dietro, sono semplicemente irresistibili.

Le paste sono solitamente ripiene di crema, marmellata, cioccolato o, se preferite, vuote. Ogni pasta è diversa e ha un nome diverso, e mi ero impegnato a impararli in fretta per non continuare a sembrare un pitecantropo che grugniva e indicava la pasta che voleva al bar. Per esempio, ci sono le bombe, le conchiglie (le mie preferite), le pesche, i ventagli, o anche i cannoncini. Amo l'idea di entrare in una pasticceria a Edimburgo e chiedere educatamente alla commessa *"mi dà una bomba, per favore?"*. Mi immagino la reazione: la polizia antiterroristi ti salterebbe addosso prima che tu possa dire *"ok, non importa, prendo i biscotti"*.

Comunque, questa abitudine sta mandando all'aria il mio peso. La maggior parte degli italiani prendono pasta e cappuccino a colazione, e non mangiano niente fino a pranzo. Il mio problema è che io faccio colazione la mattina coi bambini (di solito latte e cereali con un bicchiere di succo), *poi* una seconda colazione a metà mattina. Non fatevi ingannare: una pasta del bar e un cappuccino col latte intero è come mangiare un'intera pizza. Almeno così dice mia moglie. Ogni tanto esagera, ma mi sa che in questo caso ha ragione. Però non riesco a resistere.

Una delle cose più importanti della vita quaggiù è identificare il tuo bar preferito. Questo, giustamente, richiede tempo. Ci sono letteralmente centinaia di bar tutti vicini, quindi devi considerare i meriti di ognuno con cautela. Ci sono svariati aspetti in questo processo decisionale, che sintetizzerò in una serie di domande: c'è un'ampia scelta di paste? Ne rimane qualcuna se arrivi in tarda mattinata? Com'è la qualità delle paste? E del cappuccino? Il caffè è buono? Il latte è alla giusta temperatura? Ci sono tavolini? È sempre troppo affollato (non riescono a servirti/non riesci a trovare posto)? È sempre troppo vuoto (manca d'atmosfera)? Lo staff, incluso il barista, che ti fa il cappuccino, è gentile? Devi fare lo scontrino prima (non è tradizione, ma diventa sempre più comune) o puoi pagare dopo aver consumato (meglio)?

Come avrete capito, non è un processo facile. Quando Stefania una volta mi disse, *"no, in quel bar non ci andiamo, il caffè fa schifo"*, non riuscii a capire cosa intendesse, o come poteva esprimere un tale giudizio. Alla fine, il caffè è caffè. Ma adesso lo so, e so dire quando un caffè al bar non è all'altezza.

Come un britannico può dire immediatamente se il tè che sta bevendo non è di buona qualità (e tra l'altro alcuni dei tè che vendono qui sono proprio disgustosi, io mi faccio la scorta quando vado in vacanza in Scozia), gli italiani hanno lo stesso sesto senso per il caffè. Sono molto puntigliosi sul caffè, ma allo stesso modo io lo sono per il mio tè. Se non do precise istruzioni a chi me lo sta preparando ("lascia la bustina per almeno cinque minuti, metti solo un goccio di latte e poco zucchero") allora finisco per non berlo, perché mi fa schifo. Gli italiani fanno lo stesso con il caffè, ragion per cui quando abbiamo ospiti mi rifiuto di prepararlo: quegli stronzi ingrati non lo bevono, e Stefania lo deve rifare (che spreco di caffè, davvero).

Mi ci son voluti diversi mesi, ma ho trovato il *mio* bar: Bar Casti, a Monserrato, un sobborgo di Cagliari vicino a dove viviamo. Il Casti risponde a tutte quelle domande. Le paste sono incredibilmente buone, soprattutto perché il bar ha la sua pasticceria. C'è un continuo flusso di paste fresche che arriva dalla porta a fianco, quindi sono sempre calde. Deliziose. Anche il caffè è buono. C'è sempre gente, ma mai troppa. Ci sono tavoli e sedie dentro e fuori. Lo staff è gentile e capisce esattamente cosa vuoi, quindi non devi chiedere nemmeno. Il segno che sei diventato un cliente abituale è dato dal fatto che il cappuccino ti aspetta mentre scegli la pasta.

C'è un altro aspetto importante da imparare sulla cultura del bar: come ordini e in che ordine (se si capisce). Per prima cosa, devi andare dalla parte delle paste e iniziare a mangiare, e solo allora andare dall'altra parte dove vengono preparati caffè e cappuccini. Ho fatto caso che il cappuccino va chiamato "cappuccio", se ti vuoi integrare. Un altro vantaggio dell'essere un cliente abituale è che paghi prima di andar via, non prima di consumare, anche se ciò si è tradotto in un paio di episodi imbarazzanti, in cui solo dopo aver mandato giù un paio di paste e altrettanti cappuccini mi sono reso conto di aver lasciato il portafoglio a casa. Tuttavia, se sei un habitué, non è un problema: "domani, domani signore, non c'è problema", ti dicono. Pagherai la prossima volta.

Al centro di Cagliari ci sono bar che sono considerati istituzioni storiche in città. Uno di questi, che è un altro dei miei preferiti, è il Bar Pirani. Amo guardare i baristi servire centinaia di caffè e cappuccini in un lasso di tempo di quindici minuti (o almeno così sembra). Le paste sono deliziose anche qui. Inoltre, puoi incontrare alcune celebrità: non è raro vedere Gigi Riva, il famosissimo calciatore che nel 1970 portò il Cagliari a vincere il campionato italiano (e che lo stesso anno giocò nella squadra nazionale che raggiunse la finale della Coppa del Mondo).

Se ti capita di trovarti al Bar Pirani e desideri visitare un'altra istituzione di Cagliari, allora sali dritto su per la collina e alla fine ti troverai in via San Giovanni. Di fronte a te dovrebbe esserci una delle pasticcerie più antiche di Cagliari: Pasticceria

Manuel. Non è un bar. È semplicemente una pasticceria che rifornisce molti bar del centro di Cagliari; tuttavia, hanno un piccolo negozio annesso dove puoi comprare una bomba alla crema ancora calda. In effetti, è un po' una tradizione dei cagliaritani passare dalla Pasticceria Manuel mentre tornano a casa nelle ore piccole, perché è aperto a quell'ora della notte. I pasticceri lavorano per rifornire i bar di prima mattina, tuttavia non gli dispiace fare una pausa per venderti uno dei loro "famosi" pasticcini mentre arranchi verso casa dopo una serata fuori. È bellissimo e certamente un piacevole cambiamento rispetto al 'Fish and Chips' o al 'Donner Kebab' del Regno Unito.

Vicino alla Pasticceria Manuel e proprio di fronte al Bar Pirani c'è il Mercato di San Benedetto, che è uno dei più grandi mercati al coperto d'Europa e che vende di tutto: frutta e verdura, carne fresca, formaggio, e un sacco di altre cose. E un piano intero è dedicato al pesce e ai frutti di mare. È un'esperienza meravigliosa solo camminare per il mercato e gustarne l'atmosfera. Non devi comprare niente, ma potresti essere attirato dalle grida allettanti dei venditori. Adoro andarci di sabato, il giorno in cui si riempie di più. È puro caos, ma in senso buono. In senso italiano. Tutto ciò che senti sono clienti e commercianti che si salutano gridando *"Buona domenica!"*.

Un'altra regola fondamentale dell'etichetta da bar, che ho potuto leggere anche su diversi libri e siti web (perché è vera): mai ordinare un cappuccino dopo le undici. Infatti, anche tra le dieci e mezza e le undici pare un po' strano. Se vuoi amalgamarti con la cultura locale e non presentarti come *straniero*, mai, e dico mai, ordinare un cappuccino dopo le undici. Gli italiani amano ridere in faccia agli inglesi che ordinano un cappuccino al ristorante dopo un pasto abbondante. Ordinare un cappuccino alle undici è malvisto per una ragione simile: siamo troppo vicini all'ora di pranzo, e non bisognerebbe mangiare o bere niente di pesante come un cappuccino. Dovresti invece ordinare un caffè o, se proprio vuoi correre il rischio, un caffè macchiato.

Un giorno ho rischiato ordinando un caffè macchiato dopo una pizzata coi miei amici del calcio, e ne ho ancora vergogna. Dopo mangiato, la cameriera ci chiese in quanti volessimo il caffè. Come si fa qui, alcuni alzarono semplicemente la mano. La alzai anch'io, ma aggiunsi: "mi scusi, lo potrei avere macchiato?". Mio Dio, dalla reazione dei presenti era come se mi fossero scivolati giù i calzoni rivelando le mutande di Mickey Mouse. Ne parlano ancora. I miei amici su in Scozia mi prendono in giro per molte cose, ma non me li immaginerei mai a dire "ti ricordi di quella volta che Fraser ha ordinato il caffè, ma con un po' di latte? Oh, che cretino". Ma vabbè. Siamo in Italia. Queste cose sono importanti.

CAPITOLO OTTO

Calcio

Vicino al Bar Casti c'è il mio parrucchiere (niente battute scontate, ogni tanto una sistemata la devo dare). Anche se chiamarlo parrucchiere è come chiamare il McDonald's un ristorante. Meglio dire barbiere. Ci sono arrivato tramite mio suocero, che ci va da sempre. La prima volta che mi ci portò credevo fosse per prendermi in giro.

Entrammo in un palazzo ma invece che salire le scale le scendemmo fino allo scantinato, percorremmo un corridoio mal illuminato ed arrivammo in un salone di fortuna. Mi sembrò di aver cambiato epoca, come se fossi entrato in una macchina del tempo da qualche parte nel corridoio.

Gli specchi erano vecchi e con le cornici impolverate. C'era un calendario Pirelli appeso al muro con donne più o meno svestite (ma davvero li fanno ancora?). Gli utensili da barbiere sembravano i primi prototipi disegnati appena dopo l'invenzione della corrente elettrica. Da uno stereo, risuonava l'opera. Ero a dir poco stupito.

I due barbieri avevano rispettivamente settanta e sessantotto anni ed erano fratelli: Signor Enrico e Signor Pino. Gestivano la loro legalissima attività da molti anni, in effetti da prima che io nascessi. La loro clientela era costituita soprattutto da famiglia, amici e conoscenti, che venivano ogni volta che dovevano occuparsi dei loro bisogni estetici ad un prezzo altamente democratico. Signor Enrico e Signor Pino erano entrambi dei personaggi, ma molto diversi fra loro.

Signor Enrico, sebbene fosse il più vecchio, era quello più attivo ed energico (correva dieci chilometri ogni mattina: *"così riesco a tenere tutto sotto controllo"* mi diceva), ma la sua memoria faceva cilecca. Ogni volta mi chiedeva di ricordargli il mio nome, perché tra una visita e l'altra se lo scordava. Alla fine per dargli una mano gli dissi che era molto simile alla parola "freezer", quindi dal giorno diventai Freezer. Inoltre, faceva sempre la stessa battuta: anche se stava invecchiando, gli piacevano ancora molto le donne. Solo che non si ricordava perché.

Signor Pino era diverso: non era fisicamente attivo, ma la sua testa funzionava alla perfezione, anche se faceva del suo meglio per nasconderlo. Era riservato e faceva parlare il fratello, ma ogni tanto interveniva con qualche osservazione tagliente che rimetteva tutti al loro posto. Però sempre con un luccichio nell'occhio come a dire *"non ti preoccupare, sto scherzando"*.

Parlavano perlopiù in sardo, salvo in mia presenza. Allora passavano all'italiano affinché potessi seguire le barzellette o le storie che raccontavano. Agli altri clienti sottolineavano sempre che ero scozzese, e quanto ciò fosse fantastico, come se fossi una creatura esotica che avevano catturato durante una delle loro escursioni. Dovevo solo star lì a farmi fissare e toccare come se fossi allo zoo (sto esagerando... in effetti non mi fissavano). Uno degli argomenti di conversazione più gettonati era il calcio, e soprattutto l'andamento del Cagliari.

È abbastanza difficile vivere qui e non essere toccati dall'ossessione per il calcio che ha la gente. Il Cagliari di solito gioca in serie A, e di conseguenza da quando vivo qui ho avuto l'opportunità di veder giocare alcune delle squadre più famose al mondo: Milan, Juventus, e molte altre ben note ai tifosi: Roma, Lazio, Fiorentina, Sampdoria, Napoli... la lista continua. Probabilmente percepite il mio entusiasmo infantile mentre scrivo questi nomi.

Fortunatamente il calcio mi piace, quindi non ho vissuto questa ossessione come un'imposizione. Al contrario, l'ho accolta a braccia aperte. Mio cognato

Flavio è un gran tifoso del Cagliari, e quando possiamo andiamo insieme a vedere la partita. L'atmosfera allo stadio è unica, o comunque molto ma molto diversa da quella dello stadio di Kilmarnock, la squadra del mio cuore in Scozia.

Dietro una delle porte ci sono i veri tifosi, noti come ultrà. Ci sono due diverse visioni sugli ultrà: la prima dice che non sono altro che hooligan che causano morte e distruzione ovunque vadano, e che dovrebbero essere banditi da tutti gli stadi. La seconda è che sono quelli che danno cieca fedeltà alla loro squadra, la seguono in trasferta, e danno allo stadio un'atmosfera elettrica che è propria solo del calcio italiano. Probabilmente nessuna delle due teorie è totalmente vera, tuttavia, una cosa la so: senza di loro, lo stadio non sarebbe lo stesso. I loro cori crescono all'unisono, e fanno un certo effetto, anche se bisogna dire che lasciano un bel po' a desiderare per quanto concerne l'eleganza.

Qui non tifano solo il Cagliari, ma anche, ovviamente, gli Azzurri. Come ho detto nel primo capitolo, la nazionale è nota come Azzurri per via del colore delle maglie, che in effetti era stato scelto in quanto colore rappresentativo della famiglia reale, prima che l'Italia diventasse una repubblica nel 1946. Ma nonostante il passaggio alla repubblica, la squadra decise di mantenere le maglie. Un anno dopo il nostro trasferimento in Sardegna, tutti si preparavano per il Mondiale del 2010, e tutti a Cagliari si aspettavano molto dagli Azzurri.

Spesso mi viene chiesto quali sono le differenze che noto di più tra la vita in Sardegna e la vita in Scozia. Una delle differenze che spesso sottolineo, alcuni potrebbero dire in modo semplicistico, è che la cultura sarda ruota intorno al cibo, mentre quella scozzese intorno al bere. Un esempio lampante sono stati i volantini messi in giro dai supermercati in previsione della Coppa del Mondo. In Scozia, i suddetti volantini pubblicizzavano offerte sulla birra e su altre bevande alcoliche. In Sardegna, il supermercato locale usava l'evento per pubblicizzare pizza e pasta a metà prezzo. In più le pizze e pasta avevano i colori della bandiera italiana, a celebrare il tentativo azzurro di rivincere la Coppa del Mondo. Che bello.

Sfortunatamente, la Coppa del 2010 finì in lacrime. A casa nostra letteralmente. Era la prima Coppa del Mondo seria di Luca, che aveva seguito assiduamente tutte le partite e, tristemente, l'Italia fu altamente deludente giocando probabilmente la Coppa del Mondo peggiore degli ultimi quarant'anni, uscendo al primo girone[1]. Provai a consolarlo dicendogli che avevo avuto la stessa esperienza a sei anni, nel '78, quando la Scozia fu crudelmente eliminata dopo aver battuto l'Olanda

---

[1] Vorrei aggiungere che questa disastrosa Coppa del Mondo è stata probabilmente superata dalle prestazioni dell'Italia ai Mondiali del 2014, quando è stata nuovamente eliminata nella fase a gironi, e ancora di più dal fatto che non si è nemmeno qualificata per la Coppa del Mondo del 2018.

tre a due in quella partita memorabile in cui Archie Gemmell dribblò intorno a quasi tutta la squadra olandese e fece un gol a cucchiaio beffando il portiere (questo gol è leggendario nella cultura scozzese, tanto da essere stato incluso in una scena del film "Trainspotting": sicuramente lo trovi su You Tube). Le cicatrici rimangono, specialmente perché, per noi scozzesi, anche solo l'entrare in un grosso torneo calcistico rimane un sogno lontano. L'ultimo in cui ci qualificammo fu nel '98 in Francia. Almeno Luca ha ancora molte altre coppe del mondo e campionati europei da aspettare, e può sperare che l'Italia cancelli quelle cicatrici vincendo altri tornei in futuro. Data la mia nazionalità semi-italiana, una vittoria degli azzurri potrebbe anche cancellare le mie cicatrici scozzesi.

Luca è molto orgoglioso della sua identità scozzese, infatti è una delle prime cose che dice quando fa amicizia, per esempio quando si trova giù al parco a giocare a calcio. Guarda tutti negli occhi e dice "sono scozzese", quasi fosse una minaccia, come se ciò lo rendesse immune dagli attaccanti troppo entusiasti. Di certo suona come "non provocarmi". Ma una domanda che non gli piace affatto, e che a quanto pare gli viene spesso fatta è: "se ci fosse una partita Scozia-Italia, per chi tiferesti?" Di solito risponde "preferirei un pareggio". Tuttavia, una volta gli venne chiesto "e se fosse a eliminazione diretta, metti per entrare alla Coppa del Mondo?". Il ragazzino rispose sofferente "Scozia". Mi sa che si è anche battuto il petto mentre lo diceva. O forse è solo la mia immaginazione. In ogni caso, ha ben capito il dolore che mi porto dentro dal 1998.

CAPITOLO NOVE

Trasporti

Odio i luoghi comuni perché tendono a omogeneizzare le persone alle spese di chi è fuori dagli stereotipi e, inoltre, perché spesso sono indicatori di chiusura mentale, cosa che non sopporto. Tuttavia, esistono le eccezioni. Credo che i luoghi comuni sugli italiani alla guida siano assolutamente veri. Nonostante viva qui da diversi anni sono ancora sotto shock, stupito e confuso dalle prodezze che gli autisti di qui compiono ogni giorno.

Per prima cosa, le strisce pedonali. Un'esperienza a sé stante. La prima volta che dovetti attraversare ero convinto che il tizio in macchina fosse ubriaco. Dopo l'ottavo attraversamento, ho capito che è solo il loro stile. Mi spiego meglio: credo che in Scozia siamo anche troppo ingenui, diamo per scontato che quando un pedone aspetta al lato della strada le macchine si fermeranno per farlo passare. Inoltre, presumiamo che quando il pedone mette i piedi sulla carreggiata e inizia ad attraversare, le macchine aspetteranno che la persona sia arrivata dall'altra parte (o che almeno abbia superato la prima corsia), prima di ripartire. Come possiamo essere così stupidi?

In Sardegna, se decidi di attraversare sulle strisce, in sostanza stai giocando a una versione stradale della roulette russa. Le macchine qui non si fermano, sterzano intorno a te come se fossi un cono stradale. A dire il vero non ho ancora capito il senso delle strisce pedonali quaggiù, tanto valeva risparmiare sulla vernice.

In quanto pedone o, dovrei specificare, in quanto pedone straniero (dal momento che attraversare sulle strisce sembra non preoccupare gli italiani più di tanto), il processo di attraversamento è un'esperienza terrificante: metti timidamente un piede sull'asfalto nella vana speranza che le macchine in arrivo si fermino, e invece capisci che ciò non accadrà. Quindi parti freneticamente mettendo un piede dietro l'altro e guardando veicoli di ogni forma e colore avanzare in entrambe le direzioni che sembrano volerti far fuori, tipo palle da bowling contro un birillo. È assurdo.

Non pensate che il pericolo riguardi solo i

pedoni. Anche guidare è un'esperienza piena di rischi e pericoli, che vengono soprattutto dagli altri guidatori. Mentre può essere vero che il nostro codice della strada non sia più rispettato come in passato, almeno sussistono regole generali seguite dagli autisti britannici. Si potrebbe dire che in Scozia c'è, se non altro, una sorta di rispetto di fondo.

Ricordo un comico (il nome adesso non mi sovviene) che descriveva in modo fantastico il britannico medio alla guida, che si infila in uno spazietto minuscolo e rischia di causare un frontale solo per alzare la mano e ringraziare il tizio nell'altra macchina che gli ha ceduto il posto per fare una manovra. Qui in Sardegna invece, c'è solo una regola basilare: fai ciò che vuoi, basta che tu non fai un incidente. Più che Codice della Strada, si può dire Codice del Come Va, Va.

Come usano le rotonde qui è sbalorditivo. L'idea di cosa fare in una rotonda sembra essere oltre le capacità di comprensione del guidatore medio. Quelli che vanno verso una rotonda sembrano non capire che bisogna dare la precedenza al traffico che è *già* dentro la rotonda, a sinistra. Invece ci entrano senza guardare, di solito quando stai per cambiare corsia per uscire dalla rotonda. Bisogna fare un po' di "vai e vieni" per evitare un incidente (in altre parole devo rallentare e far passare quell'altro).

Sudo freddo ogni volta che vedo una rotonda all'orizzonte. Credo di avere la stessa trepidazione di uno che sta per essere legato alla corda prima di fare bungee jumping. *"Dovrebbe andare tutto bene, no? E se succede qualcosa? Allora cosa faccio?"*. Un giorno mi son trovato in un ingorgo perché una macchina stava provando a uscire da una rotonda mentre un'altra stava percorrendo la stessa uscita nella corsia interna. Nessuno dei due autisti si è spostato, e si sono fermati per litigare su chi fosse nel giusto, anziché dare semplicemente la precedenza. La storia è andata avanti per un po', mentre si formava una coda di automobili, e la rotonda si è riempita velocemente di macchine tutte intorno. Credo che siamo stati fermi per venti minuti mentre il problema veniva risolto.

L'uso del clacson è una lingua a sé stante. Dopo anni di studio matto e disperatissimo, adesso so distinguere cinque diversi suoni e il loro uso:

1) *Colpetto veloce*: Ti faccio sapere che sono qui, ragion per cui non fare retromarcia per uscire da quel parcheggio e venirmi addosso,

2) *Colpo leggermente più lungo*: Sono dietro di te al semaforo, il verde è scattato 0.2 secondi fa e tu sei ancora fermo,

3) *Colpo lungo e ripetuto*: Che sta succedendo qui? Qualcuno si dà una mossa?! Siamo fermi da 4.5 secondi e nessuno avanza,

4) *Colpo ancora più lungo e ripetuto*: Ma porca miseria, è assurdo! Dev'essere successo qualcosa. Ma se strombazziamo a lungo tutti insieme di sicuro il problema si risolve (N.B: questo tipo di colpo di clacson viene anche usato nel caso

piuttosto comune che qualcuno abbia parcheggiato in doppia fila davanti a te, e tu lo devi avvisare che è ora che faccia ritorno al veicolo per farti uscire. Una scusa da parte del colpevole è più unica che rara. Lo fanno tutti, quindi qual è il problema? Perché bisognerebbe chiedere scusa?),

5) *Colpi di clacson prolungati, all'unisono con altre macchine, dall'inizio alla fine del tragitto:* Matrimonio.

Mi ci è voluto un po' per imparare a distinguerli. Se ti confondi, finisci in guai grossi.

Un'altra cosa di cui mi sento costretto a parlare è la proliferazione di due piccoli mezzi di trasporto: uno sarà familiare a molti lettori, l'altro forse di meno. Inizio dall'amatissimo scooter. Molti conosceranno la Vespa, glamourizzata negli anni '60 come l'unico modo figo di andare in giro su due ruote (e riportata in auge da Nanni Moretti, se ci sono dei cinefili tra voi sapete di chi parlo). L'iconica Vespa, chiamata sapientemente così per come ronza per la città.

Gli scooter sono dappertutto qui, e spesso (magari sono un po' di parte) guidati da ragazze giovani e attraenti. Non credo che su in Scozia vedrò mai tante bellezze che guidano quella che è quasi l'equivalente di una motocicletta. Fa parte della cultura italiana, non necessariamente uno dei migliori aspetti della suddetta, per via della frequenza di incidenti seri, a volte fatali, che capitano alla guida dello scooter.

Bisogna dire che guidano gli scooter in una

maniera incredibilmente incosciente e azzardata (anche se come avrete intuito, questa attitudine non è esclusivamente propria degli scooter). Si infilano negli spazi più piccoli alla velocità della luce senza tener conto delle possibili condizioni cardiache degli altri (no, non mi sto riferendo di nuovo all'abbondanza di belle ragazze su due ruote). Almeno adesso portano il casco, dopo una riuscita campagna di sensibilizzazione da parte del governo italiano durata dieci anni. L'unico cruccio è che adesso non vedo la bellezza delle centaure al meglio...

Quelli che fanno le manovre più sconsiderate sugli scooter sono i fattorini delle pizze: sono quelli più esperti nell'arrivare il prima possibile, entrare e uscire dalle varie aperture del traffico, sorpassare quando non dovrebbero e anche passare sul marciapiede pur di arrivare prima. Tuttavia, consegnano il tesoro culinario nazionale, quindi probabilmente meritano il perdono. Se vi è mai arrivata una pizza fredda sapete cosa intendo.

L'altro mezzo di trasporto che non posso evitare di nominare è l'Ape. Prodotta dalla stessa azienda della vespa (ingegnosi ancora una volta), è praticamente uno scooter a tre ruote con una specie di furgoncino attaccato dietro talmente bene che non vedi che è sorretto da uno scooter. È un veicolo strano, talmente strano che sono convinto che la mia descrizione è una delle peggiori che avete mai letto. Però vi dico che una volta che fai trenta chilometri fuori dalla città, ne vedi a dozzine. Il motivo è che l'Ape è incredibilmente utile per i molti italiani che ancora hanno un forte legame con la terra, e che quindi ne usufruiscono per trasportare frutta e verdura che coltivano negli orti. Ovviamente la usano anche per trasportare altre cose, mobili ad esempio (finché i pezzi non sono più grandi di un divano a due posti).

Comunque, che sia una Vespa, un'Ape, un furgone, un autobus o una macchina, tutti i veicoli possono spuntare dal nulla e sterzare davanti a te, forse sorpassandoti a destra o addirittura tagliandoti la strada partendo dalla corsia opposta (perché il guidatore intuisce che è più semplice e veloce fare inversione a U in mezzo al traffico piuttosto che provare a cambiare direzione in modo più sicuro).

Da quando vivo qui sono costantemente alla ricerca di Dick Dastardly e Muttley e di Penelope Pitstop, dal momento che sono profondamente convinto di essere stato inavvertitamente catapultato in un episodio di Wacky Races[2]. No, non sto scherzando.

---

[2] Wacky Races (*La corsa più pazza del mondo*, conosciuto anche come *Le corse pazze* o *Corsa senza limiti*) è il titolo di un programma televisivo dove i personaggi Dick Dastardly, Muttley e Penelope Pitstop (e tanti altri) partecipano a una gara automobilistica. Quando ero bambino era molto popolare. Ma era prima dell'invenzione di videogiochi, smart phone e tablet.

CAPITOLO DIECI

Il clima

È novembre e fa ancora caldo. L'altro giorno la farmacia sotto casa segnava ventotto gradi. Non proprio un clima rovente, ma per un ragazzino della Scozia è certamente qualcosa di insolito. Potresti tranquillamente andare in spiaggia, anche se in pochi lo fanno in questo periodo dell'anno, giacché ventotto gradi è considerato "troppo freddo". Ci credete? Se in Scozia la temperatura raggiungesse i ventotto, tutti quanti andrebbero in giro a maniche e calzoni corti, e qualche tipo robusto potrebbe tranquillamente andare in giro a petto nudo, spesso mostrando i tatuaggi. E per quanto riguarda gli uomini... (chiedo scusa, battuta cretina, ma non ho resistito).

Il fatto è che qui il clima è fantastico, e non ci sono altre parole per definirlo. Non lo dico per sbattervi in faccia quanto si sta bene qui e ingelosirvi (se vivete su in Scozia o nel nord Italia), ma è un dato di fatto. Siamo più vicini all'equatore, quindi è ovvio che il clima sia migliore. Il mio caro papà ogni tanto provava a paragonare il clima sardo a quello scozzese, ma stava solo sprecando energie. Le telefonate andavano più o meno così:

Papà: - *Oh, è una bellissima giornata qui, figlio mio. Splendida. Sarà come giù da voi.*
Io: - *Oh, davvero? Quanti gradi ci sono?*
Papà: - *Non ne ho idea, ma è splendida. C'è un sole che spacca le pietre.*
Io: - *Beh, qui ieri c'erano trenta gradi, e mi sa anche oggi.*
Papà: - *Oh, sono sicuro che è così anche qui.*
Io: - *Papà, siamo ad ottobre. Ti assicuro che la Scozia non ha mai avuto trenta gradi a ottobre.*
Papà: - *Beh, ma sicuramente siamo lì.*

Poi controllai. Quel giorno in Scozia c'erano quindici gradi.

Vedete, il fatto è che ci sono i lati positivi e negativi del vivere in Sardegna. Finora ho parlato solo di alcuni lati negativi, ma vi assicuro che ce ne sono molti altri. Tuttavia, il clima è tra quelli positivi. Quando Stefania si deprimeva per il clima a Edimburgo non capivo a pieno quanto lo vivesse male. Dopotutto, avevo passato tutta la vita in Scozia, non conoscevo niente di diverso. Per come la vedevo io, doveva semplicemente non farsene un grosso problema, dal momento che io avevo sempre fatto così. Ma dopo aver vissuto alcuni anni in Sardegna capisco quanto sia stato difficile per lei.

Il clima qui ha un impatto colossale su un sacco di aspetti diversi. Non è semplicemente questione che "oggi è una bellissima giornata". È molto di più. Riguarda cosa mangi, come lo mangi (per me, di solito all'aperto), quanto tempo passi generalmente all'aperto, quanto esercizio fisico fai, se puoi andare in spiaggia, il tuo umore in generale. E riguarda tutti questi aspetti in positivo. Se viene portato via a qualcuno abituato così tutta la vita, ci saranno sicuramente delle conseguenze. Infatti, se mai tornassimo in Scozia, io stesso troverei difficile fare i conti col cambiamento climatico, anche se ci ho convissuto per i miei primi trentasei anni di vita.

La cosa più bella del clima sardo è che, per circa sei mesi all'anno (da maggio a ottobre), la vita ruota intorno all'andare al mare. Sarò onesto, prima di trasferirmi qui non mi sarei descritto come un grande amante della spiaggia. La maggior parte dei miei ricordi estivi è intasata da immagini di piogge orizzontali, venti di burrasca e corse verso la macchina per ripararci. Mi ero fatto l'idea che al mare semplicemente non si doveva andare. Ci abbiamo messo milioni di anni per evolverci e uscire dagli oceani, perché mai dovremmo rientrarci? Le forme di vita che ci abitano ancora pungono, mordono, ti si attaccano addosso e così via. La sabbia entra dappertutto: vestiti, macchina, casa, dentro pieghe corporee che prima non sapevi di avere. Aggiungendo il fatto che la pallida pelle scozzese non va troppo d'accordo col sole sardo, inizierete a capire cosa intendo.

Tuttavia, dopo un paio d'anni passati andando al mare costantemente da maggio a ottobre, le mie idee sono gradualmente cambiate. Adesso apprezzo le gioie della spiaggia. Adoro la cultura locale dello staccare dal lavoro alle cinque e mezza e andare in spiaggia la sera, fino alle otto. Il mare è veramente fantastico, assolutamente favoloso. Il colore dell'acqua è di un blu puro, cristallino e celestiale che credevo esistesse solo nelle cartoline. Veramente, non avevo mai visto acque di questo colore. La spiaggia di Costa Rei, nel sud-est dell'isola, solo a tre quarti d'ora da Cagliari, è stata recentemente votata in un sondaggio di Lonely Planet come una delle dieci migliori al mondo, battendo Seychelles e Caraibi. Non è difficile capire perché.

Il colore del mare è così invitante che ti sembra una scortesia non entrarci (sentimento che ovviamente non avevo mai provato quando ero un bambino e andavo sulle spiagge della Scozia negli anni '70). Inoltre, ti rinfresca in modo considerevole, un'esperienza rigenerante in quei giorni estivi di caldo opprimente. Mentre sei in acqua, e anche quando prendi il sole, puoi godere di viste spettacolari.

Ma, tuttavia, c'è un protocollo da spiaggia che bisogna osservare. La sabbia, almeno per quanto mi riguarda, è una cosa da tollerare e basta, ma dopo un po' impari ad evitare che entri dappertutto. Tornare alla macchina dopo la spiaggia vestito e senza sabbia è un'arte, e la si impara dai veterani. Ed è una forma d'arte anche cambiarsi i vestiti e mettersi il costume. Una volta ho visto quelli che mi sembravano quattro colleghi arrivare in spiaggia in abiti da lavoro e ritrovarsi dopo un minuto in costume a prendere il sole sugli asciugamani. Era come se a farlo fosse Mr. Bean, ma senza goffaggine e risate di sottofondo. Era una roba seria, fantastica da guardare. Ed era molto discreta - durante l'esercizio, nessuno ha messo in mostra parti del corpo inopportune.

Uno dei capisaldi del protocollo della spiaggia è capire le dimensioni dello spazio vitale, tuo e degli altri. In altre parole, dove metti ombrellone e asciugamani? I sardi lo sanno istintivamente quand'è troppo vicino o quando è troppo lontano, e se stai sprecando troppo spazio. Ovviamente i primi mesi io non avevo la più pallida idea di tutto ciò, e piazzavo la mia roba sempre troppo vicino o troppo lontano dagli altri bagnanti. E azzeccare la distanza è importante. Adesso più o meno ho capito. Un giorno chiesi a Stefania se facessero dei corsi di Protocollo da Spiaggia per stranieri. Lei non rise. Mi guardò intensamente e disse "imparerai".

Gli altri aspetti del protocollo riguardano soprattutto il buon senso: non scuotere l'asciugamano troppo vicino agli altri, e non permettere mai ai bambini di giocare in prossimità degli altri con la palla. Assicurati sempre di camminare sulla sabbia coi sandali (MAI andare scalzi o di sicuro finisci in ospedale, che sia per la sabbia rovente o per i detriti disseminati qua e là che non aspettano altro che farti male). E per finire, porta via con te la spazzatura. La pulizia delle spiagge è importante per i sardi, visto che il turismo estivo porta un contributo significativo all'economia locale. Di recente c'è stato l'episodio di una turista che ha aperto una scatoletta di tonno, ha sgocciolato l'olio in mare e, dopo essersi cibata, l'ha seppellita sotto la sabbia. Un signore sardo l'ha vista e le ha fatto una lezione di mezz'ora in cui le spiegava la gravità del crimine di cui si era macchiata. Il sardo è andato avanti così a lungo che alla fine una parte della scena è stata ripresa e caricata su YouTube. Il video è diventato virale e il signore è diventato (letteralmente) un eroe del posto. Non credo che la turista tornerà tanto presto. "Ma che peccato", dicono i sardi!

Un altro problema è che molti turisti portano via la sabbia sarda come se fosse un souvenir. Il problema è diventato così grosso che adesso danno fino ai mille euro di multa a chi viene beccato a uscire dall'isola con un campione di sabbia.

Un'altra cosa da imparare sulla vita da spiaggia è come piazzare l'ombrellone dando nell'occhio il meno possibile. Non sono molto bravo in questo, ma sto migliorando. Ricordo ancora un episodio successo durante la mia prima estate qui. Mentre Stefania provava a mettere velocemente la protezione solare ai bambini, io mi presi la responsabilità di montare l'ombrellone.

Vedete, una cosa che mi dà molto fastidio, e che capita abbastanza di frequente al mare, è che qui non pensano che fissare le persone sia maleducato. Mentre combattevo con l'ombrellone, c'era un tizio che mi fissava per (vi giuro che non scherzo), cinque minuti buoni, senza batter ciglio. Stefania mi disse che c'erano due possibili motivi: il primo era che mi ero posizionato troppo vicino a lui nonostante la spiaggia non fosse per niente affollata, ma io ero a una distanza abbastanza ragionevole, o almeno credevo. Il secondo, più probabile, è che si stava divertendo a guardare la scena di me che combattevo per piazzare l'ombrellone senza far danni. Bastardo! Gli ombrelloni sono sistemati in modo lineare, quasi geometrico. In righe e in colonne, perfettamente equidistanti l'uno dall'altro, quasi una griglia. Poi ero arrivato io e avevo rovinato tutto. Forse quel tizio aveva ragione a fissarmi e intimidirmi.

Una delle nostre spiagge preferite è Torre Salinas, vicino a Muravera, sulla costa orientale. È vicino a Costa Rei, ma molto meno affollata, neanche a luglio e agosto. L'acqua è bellissima, la sabbia è fine, morbida e dorata, e ci sono anche gli scogli. Trovare una spiaggia con gli scogli è importante: sono una preziosissima fonte d'intrattenimento per i bambini, che sia per pescare o per salirci sopra e tuffarsi in mare. E per i più piccoli, tra gli scogli ci sono piccoli specchi d'acqua in cui sguazzare. Una volta trovata la spiaggia che ti piace di più, con acqua pulita, sabbia fine e con gli scogli, cominci a frequentarla assiduamente come se fosse casa tua. Torre Salinas ha inoltre una torre su cui puoi facilmente salire e ammirare il più bel panorama. Il sogno di ogni fotografo. Torre Salinas, o comunque ogni spiaggia che frequenti d'estate, diventa una casa lontano da casa. Tuttavia, in Sardegna siamo davvero fortunati. Ci sono letteralmente centinaia di spiagge tra cui scegliere, e quindi da maggio a ottobre ne giriamo diverse.

So che ci sono delle belle spiagge in Scozia. Già sento mia madre urlarmi al telefono dopo che legge questo libro: "sei stato a Luskentyre! Sai benissimo che è una spiaggia strepitosa!". E non è l'unica, ce ne sono altre ugualmente belle. Non lo nego mica. Ma per prima cosa, qui in Sardegna ci sono migliaia, non centinaia, di spiagge come Luskentyre, e secondo poi, ci puoi andare per più di quattro o cinque giorni l'anno. Tuttavia, c'è da dire a favore della Scozia che almeno non c'è lo stesso rigido protocollo da spiaggia, puoi mettere l'ombrellone dove vuoi. E ci puoi impiegare anche mezz'ora. Nessuno ti fisserà. Però potrebbero commentare: *"ma che fa quel tizio? Piazza l'ombrellone a ottobre? Non lo sa che ci sono quindici gradi?"*.

CAPITOLO UNDICI

Buon lavoro!

Gli italiani hanno un saluto per tutto: *buongiorno, buonasera, buon viaggio* e moltissimi altri. È importante salutare quando si entra in un negozio, una pizzeria o qualunque altro edificio pubblico. Tutti si aspettano che saluti, anche se siete tutti estranei. Se non lo fai, sei un maleducato (anche se non è considerato maleducato imbucarsi nelle file anziché fare la coda normalmente, ma questa è un'altra storia). Mi piace questa abitudine dei sardi. In Scozia è una cosa che facciamo raramente: anzi saresti considerato un po' strano se entrassi in un negozio e salutassi tutta la gente. Al contrario, quando si scende dall'autobus in Scozia sarebbe grave maleducazione non ringraziare l'autista, cosa molto rara qui in Sardegna.

Comunque, in Sardegna ci sono tante altre frasi gentili, le più interessanti saltano fuori al momento di congedarsi, a seconda della conversazione che si ha appena avuto. Le mie preferite sono *"Buona permanenza!"* e *"Buon proseguimento!"*, che in sostanza vuol dire *"qualunque cosa farai dopo che ci separiamo, spero sia piacevole"*. Magari da non dire mentre sorpassi qualcuno in fila.

Una volta ho incontrato un amico nel parcheggio del centro commerciale e mi ha detto *"buona spesa!"*. Mio Dio, grazie. In realtà, sapeva benissimo cosa mi aspettasse: io e Stefania stavamo cercando dei vestiti per un matrimonio, quindi ha capito la tortura a cui andavo incontro.

Una cosa che mi confonde è quando usare *"buongiorno!"* e *"buonasera!"*. Non so perché ma gli italiani (o forse solo i sardi) raramente, se non mai, dicono *"buon pomeriggio!"*. Noi scozzesi diciamo sempre l'equivalente: *Good afternoon!* Invece in Sardegna, *"buongiorno!"* dura fino all'ora di pranzo, o anche un po' di più, mettiamo fino alle due. Dopo devi passare a *"buonasera!"*. Mi sembra assurdo dire *"buonasera!"* alle due del pomeriggio, ma quando dico *"buon pomeriggio!"* mi guardano come se stessi indossando un costume da Batman (e credo proprio che se lo indossassi mi guarderebbero meno sbigottiti). In alcune occasioni mi sono confuso e ho detto *"buongiorno!"* di pomeriggio, perché mi viene naturale dal momento che c'è ancora luce. Mi hanno fissato confusi (forse perché effettivamente il giorno indossavo il costume da Batman).

Un'altra espressione molto usata è *"buon lavoro!"*, un'espressione che su da noi, o negli altri paesi anglofoni, non si usa (per quanto ne so io). Qualcuno potrebbe trovare ironico che si usi tanto dire *"buon lavoro!"* in un paese dove la disoccupazione dilaga e le opportunità sono poche e sporadiche.

Tuttavia, mio suocero mi ha dato una spiegazione logica. Mi ha detto che *"buon lavoro!"* si è diffuso dopo la guerra, periodo in cui, infatti, in molti avevano difficoltà a trovare lavoro. Veniva usata come un'espressione di buon auspicio, come sostitutivo più specifico di *"buona fortuna!"*. Mi ha detto che *"buon lavoro!"* aveva due significati pragmatici, ancora attuali: 1) "Spero che trovi lavoro" (per quelli che non ce l'hanno) e 2) "Spero che oggi lavori bene e non perda il posto" (per quelli che l'hanno). Quindi, va bene in tutti i casi. Questa espressione trovava particolarmente il mio favore durante i miei primi sei mesi qui, quando ero ancora alla ricerca di lavoro. Infatti, sembrava che me lo dicessero in continuazione, estranei per strada compresi. Continuavo a chiedermi "ma come fanno a saperlo?". Probabilmente era la mia solita paranoia.

Nonostante tutto (o forse *proprio* per via di tutti quegli auguri), dopo sei mesi avevo finalmente un lavoro. Mi venne offerto un posto all'università di

Cagliari per fare un progetto di ricerca sui possibili benefici dei bambini bilingui che parlano lingue minoritarie. Il sardo non è largamente parlato come prima, e infatti, alcuni affermano che sia un dialetto, nonostante sia stato riconosciuto come lingua dalla comunità europea. Ci sono ancora aree dove il sardo è la prima lingua, soprattutto all'interno dell'isola, dove i bambini vengono tirati su bilingui, parlando sardo a casa e italiano a scuola. L'insegnamento del sardo non è formalizzato come in molti paesi in cui vi sono lingue minoritarie. Per esempio, per il mio progetto di ricerca, dovevo fare un paragone con lo sviluppo del gaelico in Scozia, dove un bambino può ricevere un'istruzione formale in scuole dove viene parlato il gaelico. Infatti, ci sono tante cose in comune fra la Scozia e la Sardegna. Siamo stati dominati da un paese e per questo parliamo una lingua che non è proprio nostra. Abbiamo tante cose della cultura in comune: il costume tradizionale sardo non è molto diverso dal kilt scozzese, e le launeddas e la cornamusa sono strumenti musicali molto simili. In più, ho scoperto da poco che il personaggio del bidello nei Simpsons è sardo nella versione italiana mentre nella versione originale è proprio scozzese! Tuttavia, la lingua sarda è parte dell'identità culturale dell'isola nelle sopracitate zone rurali dell'interno, e ne sono affascinato. Non per niente mi ritrovai a condurre ricerche su questo come lavoro per i successivi due anni.

Il mio primo giorno di lavoro dovetti guidare per tre ore fino al piccolo e pittoresco paese di Dorgali, nel cuore dell'isola, per incontrare la direttrice della scuola elementare, che mi venne segnalata come possibile collaboratrice nella ricerca. Dorgali veniva considerato uno dei pochi posti dove il sardo è ancora largamente parlato. Mi ci vollero all'incirca tre minuti per innamorarmi di quel paese.

Dorgali si trova nel mezzo di una catena montuosa e chi arriva da ovest viene subito colpito da viste spettacolari. Intorno alla cittadina scorre una circonvallazione, più pittoresca di quelle moderne delle grandi città (mi ci vollero un paio di giri per prendere coscienza dell'aspetto circolare della strada, dopo che giravo in tondo come un pesce rosso nella boccia). Una volta entrati, si comincia ad avere un senso di paradiso turistico, e dopo poco ti rendi conto perché. Il paese brulica di piccoli negozi indipendenti, la cui maggior parte vende artigianato locale, ma è la location che attrae chiaramente i turisti: indipendentemente da dove ti trovi, se alzi la testa vedi le montagne, che sembrano appena sopra di te.

Per mia fortuna Angela, la dirigente scolastica, accettò di collaborare e invitare alunni e genitori a partecipare. Non solo, ma mi invitò anche a pranzo a casa sua. Quando dico pranzo, non intendo un panino e una tazza di tè. Chiamò suo marito (anche lui insegnante) per farlo tornare a casa un po' prima e iniziare a preparare. La scuola qui finisce a l'una e mezza. Ci sedemmo a tavola alle due. Tre ore e cinque portate dopo, eravamo ancora seduti davanti a caffè, mirto e dolci sardi. Solo allora iniziai a pensare a quanto avevo bevuto e a come avrei fatto a ritornare in albergo.

Un pranzo sardo come si deve, specie se ci sono ospiti, di solito è composto da aperitivo (alcolico o un bitter), generalmente accompagnato da stuzzichini. A seguire gli antipasti (per esempio salsiccia secca, verdure grigliate, olive e pane) accompagnati da un bicchiere di vino. Poi viene il primo, spesso e volentieri un piatto di pasta, ma può essere anche risotto o perfino zuppa (in Sardegna ci sono dei piatti tipici che adoro: i culurgiones e i malloreddus), col bicchiere riempito. Successivamente arriva il secondo (solitamente carne o pesce, e se sei fortunato ci sarà la specialità dell'isola: il maialetto) con contorno (insalata o verdure), e ancora vino. Dopo il secondo piatto arriva la frutta fresca, di solito proveniente dai frutteti locali, che viene posizionata al centro del tavolo. Infine, c'è il caffè, un liquore (i più comuni sono mirto e limoncello) e qualcosa di dolce (dolci sardi o mignon, praticamente le paste del bar in versione ridotta). A volte il dolce può essere fatto in casa, come il tiramisù o il budino.

Dopo tutto questo, decisi che era meglio non prendere la macchina per ritornare all'albergo. Infatti, era alla fine della discesa dove c'era casa di Angela. Potevo benissimo rotolare giù e riprendere la macchina il giorno dopo. Mentre camminavo verso l'hotel, mi venne in mente un amico di mio padre che sosteneva che l'unica frase da imparare quando si visita un paese straniero fosse "questa strada porta all'albergo?"

Il giorno dopo, mentre guidavo verso Cagliari, incominciai a pensare al tipo di accoglienza che avrei ricevuto se mai avessi raccontato il mio primo giorno di lavoro ai miei ex-colleghi in Scozia. Il commento più educato a cui riuscivo a pensare era "e lo chiami lavorare?!". E poi pensai alla mia cara vecchia nonna, che se fosse stata ancora viva probabilmente mi avrebbe detto "trovati un lavoro vero, figlio mio". Non mi vennero in mente molti che sarebbero stati volenterosi di dirmi un equivalente di *"buon lavoro!"*. Comunque non potevo lamentarmi, le cose iniziavano a migliorare. *"Buona permanenza!"*, mi dissi a voce alta mentre guidavo.

CAPITOLO DODICI

Zanzare

Iniziavo a convincermi che le cose si stessero mettendo bene ma non avevo considerato il potere della zanzara, e cosa avrebbe fatto alla mia vita in Sardegna. Non sono molto diverse dai moscerini scozzesi, ma senza dubbio molto peggio. Le odio. Non credevo di essere capace di provare tanto odio finché ho scoperto le zanzare. Le odio veramente. Sono il tormento della mia vita. Le detesto a tal punto che non riesco a esprimerlo in parole. Sono feccia. Il peggio del peggio. Vanno castrate. Spero muoiano tutte in un sinistro stradale.

Pensate che esageri? Provate a vivere qui per un paio di mesi, e capirete. Sono sanguisughe.

Letteralmente. E quando una di loro entra in casa, mette tutta la tua vita sottosopra. Ok, non proprio. Forse ora sto esagerando. Ma la sensazione è quella. Non puoi dormire, rilassarti, pensi al numero di pizzichi che ti ritroverai al mattino. Sono un incubo. Onestamente. Infatti, ho incubi sulle zanzare. Hanno infettato perfino il mio subconscio. La loro intera esistenza ruota intorno al torturare me. Capite adesso? Odio quelle piccole bastarde. Ho provato creme, spray, zanzariere, tutto, e mi prendono sempre.

Quando una di quelle stronzette entra in casa, tutto il resto passa in secondo piano e ammazzarla diventa la priorità assoluta. Quando le rincorro per ammazzarle, mi convinco che sono riuscite ad accaparrarsi il mantello dell'invisibilità di Harry Potter, che ogni tanto indossano per rendere la cattura più difficile. Adesso la vedi, la stronza, adesso no. È un tormento. Bastarde. Le odio davvero tantissimo.

Hanno un fastidiosissimo ronzio, l'unica cosa che senti di notte quando provi a prendere sonno. Non appena sento quel ronzio, eccomi. Accendo la luce, impugno l'acchiappamosche. Stefania inizia a rigirarsi mentre io salgo audacemente in piedi sul letto e mi metto in posizione per uccidere la bastarda. Dopo circa un quarto d'ora, mi arrendo. Rispengo la luce, torno a letto nella vana speranza che magari sia volata via. Inizio a riprendere lentamente sonno… ah, finalmente… bzz bzz bzz. No. Di nuovo, stessa scena: luci accese, moglie incazzata, io che esco di testa. Di nuovo, stesso risultato: Lauchlan 0 - Zanzara 1 (sconfitta in casa). Si nascondono perché sanno che prima o poi le prendo. La mattina, mi sveglio con punture dappertutto: braccia, gambe, anche in testa. Forse non è tutto bellissimo. Forse ci sono anche lati negativi nel vivere qui in Sardegna.

Ci sono insetti, bestioline, animali e perfino rettili che incontro a cui non sono abituato. Ci sono gechi dappertutto. O come li chiamiamo in Scozia, quei cosi tipo lucertole. La prima volta che ne vidi uno in terrazzo, devo ammettere che mi colse un po' di sorpresa (in altre parole mi è uscito uno strillo isterico da femminuccia). Adesso sono totalmente abituato. Infatti, dopo un po' si diventa amici, specie dal momento che sono molto utili per gli insetti. Tengono lontane le zanzare (anche se purtroppo non del tutto).

Un'altra cosa tipica di qui è il calabrone. Direte che non è tipicamente sardo. Ma io vi dico che quello sardo non è un calabrone: mai visto un calabrone delle dimensioni di un benedetto CANE. Ho ancora un ricordo vivido della prima volta che mi imbattei in un calabrone sardo. Era estate e le finestre erano aperte. D'improvviso, questo gigantesco insetto volante entrò a tutta velocità nel nostro salotto. Io non impreco spesso. E davanti ai bambini non dico mai parolacce, ma le parole "WHAT THE FUCK IS THAT?" (che vuol dire: "che cavolo è questo?... più o meno) mi uscirono automaticamente di bocca, senza che io volessi. E non era una richiesta d'informazione, ma una richiesta d'aiuto. Per mia sfortuna, Stefania accolse la prima interpretazione.

" *È un calabrone*" - disse flemmatica.

" *UN COSA? SENTI, NON ME NE FREGA UN CACCHIO DI CHE COS'È, FALLO USCIRE DAL MIO ECOSISTEMA ADESSO!*".

" *Oh, per l'amor del cielo, Fraser, è solo un piccolo insettino*".

"*PICCOLO? PICCOLO? MA MI PRENDI PER IL CULO? LA SAI LA DEFINIZIONE DI PICCOLO? VUOL DIRE PICCINO, MINUSCOLO, MINUTO, MICROSCOPICO. QUEL COSO NON È NIENTE DI TUTTO CIÒ! È ENORME. SAI, GRANDE, LARGO, GIGANTESCO, MASSICCIO. FALLO USCIRE DA QUI*".

Stefania, scuotendo la testa con disprezzo e, va detto, una vaga aria di derisione, fece uscire il calabrone con calma ed efficienza usando un giornale. Sono sicuro che i Rossi, i proprietari del piano di sotto, avranno pensato che stessi avendo una crisi isterica. Beh, eravamo lì.

Un altro insetto molto comune qui sono i *pesciolini.* Non so il nome tecnico. Ho chiesto a Stefania e mi ha risposto "oh, quei cosi? Non hanno un nome scientifico". Il che vuol dire che non lo sa. Comunque, sono insetti piccoli e completamente inoffensivi, ma di notte li trovi dappertutto. Durante il giorno non c'è nessun segno della loro esistenza. Ma se ti svegli di notte (spesso e volentieri per avere a che fare con un letto bagnato o un bambino che ha sete), allora li vedi scivolare sul pavimento che provano ad arrivare a destinazione. Non portano niente, e se ne uccidi uno sembrano fatti di polvere. Strano.

Invece una cosa che amo qui di notte è il suono del grillo. Non c'è niente che mi piaccia di più che sedermi in terrazza di notte e ascoltare il canto del grillo, distintivo e stranamente confortante, che mi ricorda che vivo in un paese mediterraneo. Potrei sbagliarmi, ma mi ricordo di aver letto di un tizio (incredibilmente stupido) che amava così tanto il canto del grillo che ne comprò un migliaio per il suo giardino su in Inghilterra. Dopo circa due settimane, tutti i grilli morirono non potendo sopportare il clima inglese. Ovviamente. Il tizio aveva scialacquato migliaia di sterline per uno spettacolo di due settimane. Che coglione. O forse sono troppo severo. Forse lo sapeva fin dall'inizio che sarebbero durate solo due settimane. O forse no. Restiamo severi e continuiamo a chiamarlo un coglione.

Per quanto riguarda gli animali, la Sardegna è nota per i cinghiali. Mi ricordo di una volta che eravamo vicino a San Vito e ce ne siamo ritrovati tre davanti, a dieci metri da noi. Avvertivo un'altra crisi isterica nelle vicinanze. Ma Stefania sapeva come gestire la situazione. Girammo e tornammo sui nostri passi con calma, come se avessimo deciso che era ora di tornare a casa, anziché gridare e correre per salvarci la vita (come stavo per fare io).

La cultura sarda comporta la caccia al cinghiale ma per mangiarlo, non per sport. In altre parole, è qualcosa di completamente diverso dalla caccia alla volpe nel Regno Unito. Inoltre, cacciare i cinghiali non è destinato alle classi benestanti, tutti possono. Non è qualcosa da cui sono tentato, anche se conosco molte persone che la praticano. Flavio, mio cognato, non va a caccia ma suo padre sì, e una volta ci ha regalato un grosso pezzo di carne di cinghiale. Era sorprendentemente buono, anche se bisogna cucinarlo con attenzione perché rimanga tenero.

Un'altra parte della cultura sarda è il mangiare la carne di cavallo. È considerata prelibata. Un paio d'anni fa ricordo che in Gran Bretagna ci fu uno scandalo perché trovarono carne di cavallo in alcuni hamburger del supermercato. La gente qui diceva "dov'è il problema? Gli hamburger saranno molto più saporiti". Mio padre, in tutte le volte che è venuto a trovarci, si è sempre rifiutato di mangiarla. Era un macellaio, ma non l'ha voluta neanche provare. Io l'ho provata, in molte occasioni, ed è davvero buona. Flavio è un esperto di cottura di cavallo alla brace. Quando è cotta alla perfezione, e marinata con aglio e prezzemolo, è assolutamente deliziosa. Non mangerei nient'altro.

Quindi suppongo che non sia tutto orribile. Sì, ci sono le zanzare, i calabroni e così via, ma ho anche fatto esperienza di prelibatezze che non avrei mai provato. Sono ottimi, e senza dubbio diversi da fagioli al sugo e fish'n'chips.

CAPITOLO TREDICI

Cibo

Sento il bisogno di dedicare un intero capitolo al cibo, che governa la mia quotidianità in Sardegna. Non c'è dubbio che io mangi molto più sano da quando mi sono trasferito qui. Mentre non sono mai stato tentato dagli eccessi stereotipati che la cucina scozzese offre (vedi barretta di Mars fritta), non c'è dubbio che noi scozzesi, generalmente, tendiamo a mangiare molto più pesante di quelli che vivono nelle zone mediterranee.

Non ci vuole un genio per capire il motivo. Il clima grigio e deprimente della Scozia tende a portare a una dieta che offre conforto a chi soffre il freddo, vento e pioggia. Immaginate: siete appena tornati a casa dopo un quarto d'ora a piedi sotto la pioggia, o avete trovato una caffetteria dove rifugiarvi mentre eravate in giro e siete stati colti dal temporale. Cosa preferireste? Un'insalata con un bicchiere d'acqua fresca e della frutta, o delle salsicce con una tazza di tè fumante seguite da una fetta di torta? Io so cosa preferirei, e mi sa che in un sondaggio di cento persone, non sarei in minoranza.

Ora invece immaginate che siete all'aperto in Sardegna a luglio: fa un caldo incredibile, state correndo da una parte all'altra per sbrigare varie commissioni, e finalmente arrivate a casa in un bagno di sudore. Vi danno la stessa scelta di sopra, cosa preferireste? I lettori che mi conoscono direbbero che sceglierei ugualmente salsicce, tè e torta, vi assicuro che io non lo farei, neanche se al posto della torta ci fossero i miei biscotti preferiti. Preferirei sempre insalata, frutta fresca (presa dal frigo) e acqua. Devo chiarire, infatti, che la mia dieta è notevolmente migliorata da quando vivo qui (nonostante le mie "occasionali" visite al bar a metà mattina, vedi capitolo 7).

Il punto è che apprezzo cose di qui che non avrei mai considerato quando vivevo in Scozia. Un esempio è qualcosa di semplice come l'abbrustolire del pane fresco al caminetto e condirlo con un filo d'olio d'oliva. Delizioso. Noi compriamo l'olio da un collega di Stefania che ha un oliveto (cosa non rara qui), e fa l'olio da sé portando le sue olive al frantoio. Ciò gli dà abbastanza olio per un anno intero, e abbastanza da venderne ad amici e colleghi. Il suo olio è veramente spettacolare e adesso apprezzo la differenza tra l'olio extravergine fatto in casa e quello da tre sterline al supermercato. Se quindici anni fa qualcuno mi avesse detto che sarei diventato un esperto di olio d'oliva e che sarei diventato puntiglioso in proposito, gli avrei riso in faccia e avrei risposto educatamente di non dire fesserie (o qualcosa che comunque rendesse l'idea).

È da notare l'ubiquità della frutta a tavola alla fine del pasto. Finora non c'è stato pranzo o cena in cui non mi venisse offerta. Inoltre, la frutta è locale, e di conseguenza ciò che mangi cambia di stagione in stagione. Al momento mentre scrivo siamo in inverno, la frutta di stagione sono le arance (e i suoi cugini mandarini e clementine). Si può comprare un chilo di arance (pari a cinque o sei arance, dipende dalle dimensioni) per anche solo cinquanta centesimi, dipende da dove vai, ma di certo non più di un euro. In pratica sono più o meno dieci centesimi ad arancia. Un prezzo incredibile ma anche il gusto è incredibile. Vedi la gente del posto vendere le arance (e altra frutta) che hanno coltivato nei loro giardini al lato della strada, di solito dal retro dell'Ape, o anche sulla porta di casa, segnando la vendita con qualche cassetta o con qualche cartello fatto in casa. Di solito usano bilance antiche, quelle di ferro, per stabilire il peso, con la frutta da un lato e i contrappesi dall'altro. Non vedevo attrezzi del genere da secoli. Adoro acquistare la frutta da questa gente. Ma mai chiedere lo scontrino!

La zona di San Vito e Muravera rappresenta la casa degli agrumi sardi, dove si può trovare una gran quantità di frutteti. Tali frutteti di arance e limoni si possono visitare durante la sagra degli agrumi, che si tiene ogni anno a Muravera. Il festival segna la fine della stagione degli agrumi ed è un evento importante sul calendario locale. Siccome la famiglia di Stefania è della zona, ci siamo stati diverse volte ed è una fantastica esperienza (da descrivere in capitolo 25 - *Sagra*. Non divagare, Fraser. Bravo).

La visita ai frutteti è un'esperienza di per sé grandiosa, arricchita dal fatto che i proprietari ti incoraggiano a cogliere la frutta dagli alberi, così fai loro risparmiare tempo quando sarà ora di raccogliere gli ultimi frutti. Qui devo aggiungere che le arance sono fantastiche, così succose e fragranti che è strano credere che gli abitanti della zona siano dell'opinione che non siano buone come quelle di metà stagione, e infatti alcuni evitano di comprarle. Dovrebbero provare le arance del supermercato a Edimburgo dove le compravo, poi ne riparliamo.

Ho già detto che la gente qui ha un rapporto con la terra che non ho mai visto in tutti gli anni trascorsi in Scozia (vedi capitolo 9). Mentre non tutti hanno un orto, tutti conoscono qualcuno che ce l'ha, e spesso e volentieri, comprano una buona porzione della loro frutta e verdura da amici e conoscenti che coltivano.

Di recente un nostro caro amico (il padre di un compagno di classe di Luca) ha perso il lavoro. Aveva lavorato nella stessa fabbrica per quasi vent'anni ma, conseguentemente alla crisi, la ditta è dovuta entrare in cassa integrazione. Alla fine, l'industria è collassata definitivamente, rendendo Antonio, il nostro amico, superfluo.

Antonio è un uomo dalle tante risorse, che ammiro fortemente. Non si è scoraggiato e non si è lasciato deprimere quando lo hanno licenziato, come avrebbero fatto molti altri. Con un collega (beh, un ex-collega), decise di coltivare un pezzo di terra che era della sua famiglia, a qualche chilometro da Cagliari, in cui nessuno andava più. Lavorando duramente e andando incontro a mille tribolazioni (il clima secco per di più non aiutava), i due uomini riuscirono a trasformare la terra abbandonata in un efficiente orto che ora gli dà la possibilità di coltivare svariati tipi di frutta e verdura che non sfamano solo le rispettive famiglie, ma che vengono vendute ad amici e parenti ad un prezzo decisamente ragionevole.

Un giorno andai a trovare Antonio per dare un'occhiata a cosa aveva portato il suo duro lavoro ed è stato fantastico. Mi mostrò fotografie di com'era la terra prima che ci mettessero mano loro, e fui capace di fare un paragone con ciò che avevano creato: un qualcosa di impressionante. C'erano pomodori, melanzane, zucchine, lattuga, patate, fagiolini, così come angurie, arance, pere e mele. Mi sentii come se stessi visitando Gerard Depardieu in *Jean de Florette*, l'unica differenza era che non c'era Daniel Autueil a sabotare il lavoro di Antonio. E, sfortunatamente, neanche Emmanuelle Béart. Inoltre, Antonio non ha la gobba. A parte ciò, era proprio la stessa cosa.

Compriamo un sacco di frutta e verdura da Antonio, e, oltre che a risparmiare, siamo sicuri che i suoi prodotti non sono trattati con pesticidi e Dio sa che altro, e che non hanno viaggiato mezzo mondo per essere venduti qui. La frutta e la verdura a km 0 è molto apprezzata qui: ci sono cartelli che dichiarano "prodotti a km 0" fuori da ogni negozio. Ne vanno molto orgogliosi. Mentre sarebbe pedante e fastidioso da parte mia mettere in discussione la politica dei negozi a km 0, chiedendo se abbiano un orto nel retrobottega, tali cartelli danno un segnale ai consumatori che la frutta viene coltivata in zona, e ciò è molto considerato qui.

Probabilmente c'è una ragione più profonda oltre alle ovvie (la natura biologica dei prodotti e la voglia di aiutare l'economia locale) che sicuramente è d'aiuto nell'assicurare la sopravvivenza dei fruttivendoli locali quando paragonati ai supermercati che vendono frutta e verdura a minor prezzo: il sapore! Non c'è storia ai miei occhi (e alle mie papille) tra la frutta e la verdura dei supermercati e quella a km 0. Quest'ultima è indubbiamente più buona e saporita.

Mi ricordo che alcuni anni fa venne un'aupair

inglese – una ragazza - a stare da noi durante le vacanze scolastiche. Non riusciva a credere a quanto fossero buone le angurie. Nelle quattro settimane che è stata con noi se ne sarà mangiate sì e no trentasette (non che io stessi lì a contare). Ma la capivo perfettamente. Anche io i primi mesi non facevo altro che dire "Mamma mia, non ho mai assaggiato angurie come queste. Allora è questo il sapore vero". E dicevo la stessa cosa per tutta la frutta in cui capitavo, sostituendo "angurie" con "ciliegie", "arance", "uva", e perfino "melegrane" e molto altro, inclusi prodotti di cui non sapevo l'esistenza (ricordatevi, sono di Kilmarnock, una piccola città nel sud-ovest della Scozia, non Notting Hill, la zona più ricca di Londra).

Ad esempio, ci sono i fichi d'india, che in inglese noi chiamiamo *prickly pears*, "pere spinose". Stefania pensa che questa traduzione sia ridicola, dal momento che non assomigliano alle pere né per la forma né per il gusto. Il giorno che ha scoperto il nome inglese dei fichi d'india si è presa talmente a cuore l'argomento che si è lanciata in un dibattito che non la finiva più a cena. Non sono solo i fichi d'india quelli spinosi, avevo pensato, senza avere il coraggio di dirglielo.

I cachi sono frutti molto bizzarri: morbidissimi e dolcissimi. All'inizio mi ero semplicemente rifiutato di assaggiarli (ripeto, sono di Kilmarnock, non Notting Hill). Ma alla fine ho preso il coraggio a due mani e li ho provati. E mi piacciono. Dopo che ho iniziato a mangiarli, Stefania ha deciso di informarmi che hanno le stesse calorie di una barretta di Twix, dal momento che sono pieni di zucchero. Deve sempre rovinare tutto.

Comunque, qualunque sia la frutta mangiata alla fine, ho preso confidenza con il tipo di pranzo descritto nel capitolo undici, dopo la prima esperienza a Dorgali. Che sia perché abbiamo deciso di andare in un posto carino come un agriturismo, o che celebriamo qualcosa di speciale, c'è sempre un pranzo da cinque portate che dura diverse ore. E a me sembra che ci sia sempre qualcosa da festeggiare qui, ogni settimana: può essere qualcosa di religioso (prima comunione, matrimonio, cresima) o invece può essere un compleanno, o semplicemente domenica, ed è importante riunirsi, di solito in famiglia, e "festeggiare". Qualunque cosa si celebri, gira sempre intorno al cibo e al mangiar bene.

CAPITOLO QUATTORDICI

Bambini

Mentre aspettavamo che ci consegnassero la macchina, ho passato diversi mesi a prendere i mezzi pubblici. Il più delle volte viaggiavo coi bambini, sia sull'autobus che sulla metropolitana. Gli autobus possono spesso riempirsi di gente, ma sono incantato dalla gentilezza degli altri: a volte ragazzi adolescenti, di quelli che ti viene di cambiare strada quando li vedi da lontano, mi hanno ceduto il posto per far spazio a me e ai miei figli. In un'altra occasione, l'autobus si è fermato mentre lo aspettavo sempre coi bambini, e un signore anziano che passava di là per caso, si fermò per aiutarmi a farli salire, mentre io tentavo invano di ripiegare il passeggino in un tempo inferiore ai miei soliti tre minuti e mezzo.

Al cuore di questi aneddoti c'è la spesso citata, ma per me veritiera, descrizione accurata degli italiani e il loro essere estremamente aperti e rispettosi nei confronti dei bambini. Per me non c'è dubbio. La gente per strada dà ai bambini una gran quantità di attenzioni: si inchinano, parlano con loro, gli danno pizzicotti, e generalmente mostrano un livello di interesse che se uno facesse la stessa cosa in Scozia, verrebbe probabilmente accusato di molestie e sbattuto in prigione.

Al ristorante, i camerieri danno il benvenuto ai bambini trattandoli come re, dando loro attenzioni speciali e garantendo un elevatissimo livello di pazienza e comprensione. Per esempio, nella nostra esperienza, se uno dei nostri figli rompe un piatto o un bicchiere, spesso il cameriere ride e basta, come se se lo aspettasse. Se succedesse la stessa cosa in un ristorante scozzese, specialmente dopo le otto, saresti denigrato per aver "permesso" a tuo figlio di rompere un oggetto, ma anche solo per il fatto di averlo portato in un ristorante (*"ma cos'hai in testa? Guarda l'ora! Sei matto?"*). Infatti, qui in Sardegna, a volte ho approfittato della grande tolleranza verso i bambini per dar loro la colpa di tutto, così da rendermi immune da ogni rimprovero. *"Oh, mi spiace tanto, il piccolo ha di nuovo rovesciato la mia birra. Lo so, è un po' goffo"*.

A pensarci bene, andiamo in ristorante coi bambini molto più spesso qui che quando vivevamo in Scozia, e in estate è cosa comune star fuori fino a dopo mezzanotte e vedere gruppi di bambini che corrono e giocano (dovrei aggiungere che la scena dei bambini che corrono e giocano tra i tavoli è spesso perché stiamo mangiando all'aperto e c'è abbastanza spazio). Certo, il motivo che ciò succede molto di più qui è che d'estate fa troppo caldo per uscire prima delle cinque e mezza di pomeriggio e spesso, specie se cenerai fuori, uscirai molto più tardi.

L'unico problema è che bisogna stabilire un orario di incontro. Generalmente si dice che la gente del Mediterraneo non se la cava granché con la gestione dei tempi, e, nonostante la mia riluttanza nel generalizzare e stereotipare, devo dire che, secondo la mia esperienza, è abbastanza vero. Ma lo sanno anche loro stessi. Una volta dovevo parcheggiare vicino ai cancelli della scuola di Anna (di solito scende al volo), dato che aveva bisogno d'aiuto nel trasportare un aggeggio che aveva fatto per l'ora di arte. Il problema era che i vigili urbani sono sempre intorno alla scuola la mattina, dal momento che è un posto notoriamente affollato e che il traffico spesso si blocca. Il vigile mi ha chiesto cosa stessi facendo, e io gli ho risposto che sarei stato lì solo un minuto. Allora mi ha detto *"ok, ma un minuto vero, non un minuto all'italiana"*, in un tono vagamente aggressivo. Intendeva "che sia un minuto e non dieci".

Quando la gente dice "ci vediamo al parco alle sei", so che in realtà intendono intorno alle sette. Mi ci sono voluti diversi mesi (e diverse ore di solitudine passate a girarmi i pollici) per capirlo. Quando c'è una festa di compleanno di uno degli amici dei bambini e sull'invito c'è scritto 17:30, Stefania mi ha espressamente detto che non dobbiamo presentarci prima delle 18:30. Ed è vero. La prima festa di compleanno di Luca in Sardegna, gli ospiti si sono presentati un'ora dopo l'orario che avevamo dato. Stavo iniziando a preoccuparmi. Alla fine, c'erano quasi tutti i suoi compagni di classe, alcuni sono arrivati dopo due ore dall'inizio della festa. Quando ho suggerito che un comportamento del genere era secondo me maleducato, Stefania mi ha guardato come se fossi pazzo. Non si è nemmeno presa la briga di rispondere.

Un'altra cosa che ci si aspetta qui è che, alle feste, oltre agli amichetti o i compagni di classe, venga tutta la famiglia. Di recente siamo stati invitati al dodicesimo compleanno di una ragazzina compagna di classe di Luca. Tutte le famiglie erano state invitate: genitori, fratelli, nonni, animali. Ce li si porta dietro. In quel periodo c'era la nostra au-pair, e ovviamente portarla con noi non era un problema. Siamo stati in cortile fino a tarda notte a goderci cibo e bevande, mentre i ragazzi giocavano in un'altra parte della casa.

Se penso a come vengono organizzate le feste dei bambini in Sardegna e a quelle in Scozia, la differenza è impressionante. Mi ricordo ancora qualcuno dei compleanni di quando vivevamo in Scozia. Veniva affittata una sala giochi per uno specifico lasso di tempo di un'ora e mezza, e sull'invito c'era scritto "16:30-18:00". Ed era così e basta. Alle sei ti sbattevano fuori prima che tu avessi il tempo di dire "aspettate, e la mia *party bag?*", giacché doveva iniziare la festa prenotata per dopo. Se ci fossero stati degli italiani tra gli invitati, sarebbero rimasti per venti minuti o meno. E se ti fossi portato dietro la famiglia, probabilmente non ti avrebbero fatto entrare. *"Spiacente, dobbiamo attenerci al limite stabilito, per ragioni di sicurezza. Entrano solo i bambini, prego".*

Ma c'è un'altra cosa da dire riguardo ai compleanni italiani: niente *party bags*! Fantastico! In Scozia gli invitati ricevono una bustina con cose tipo gomme da masticare, un fischietto colorato e uno yo-yo. Qui no. Non c'è bisogno di stressarsi con delle stupide bustine e riempirle di cose che non vengono neanche degnate di uno sguardo una volta oltrepassata la porta d'ingresso. Da genitore, mi son spesso chiesto da dove derivi tutta questa storia della *party bag*. È una cosa recente in Scozia. Da bambino, mi ricordo che ci si portava a casa un pezzo di torta, non una busta piena di cianfrusaglie.

Comunque, le persone qui in Sardegna sono sempre in ritardo, è una cosa che va accettata come parte della cultura senza adirarsi troppo. Ma il concetto di "ritardo" per noi cambiò completamente a quattro mesi dal nostro arrivo, quando Stefania mi disse che aveva un ritardo. Reagii con la stessa carica emotiva con cui reagivo al ritardo della cultura italiana, ma stavolta con gioia.

Non avevo mai riflettuto sull'etimologia della parola "novità" finché non ho scoperto il significato in italiano. Per qualche motivo, non avevo mai associato la parola "news" in inglese con il significato "qualcosa di nuovo", e infatti, in italiano usano il singolare "novità" in riferimento a cose nuove, di solito positive. Quando scoprimmo che Stefania era incinta, potemmo condividere la nostra bella novità con amici e parenti.

Stefania mi ha sempre detto che una cosa che detestava riguardo all'essere incinta in Italia era la medicalizzazione estrema della maternità, paragonata alla maternità in Scozia. Il numero di visite a cui si dovette sottoporre durante la gravidanza fu incredibile. In Scozia, fece l'ecografia quand'era già di venti settimane, più un paio di visite dall'ostetrica. Qui aveva un'ecografia praticamente ogni due settimane con la costante presenza del ginecologo, e andò diverse volte dall'ostetrica.

In Italia è usanza comune sapere in anticipo il sesso del bambino, semplicemente perché è difficile non notarlo con tutte quelle ecografie. Decidemmo che non volevamo saperlo, come avevamo fatto con gli altri due, ma fu difficile dal momento che dovevamo ricordare in continuazione a ginecologo e ostetrica di non riferirsi a "lui" o "lei" durante le visite.

Questa decisione creò una leggera inquietudine.

La gente non ci credeva quando dicevamo che non sapevamo il sesso. *"Volete dire che non ce lo volete rivelare, ok"* dicevano. *"No"*, rispondevamo, *"veramente, non lo sappiamo neanche noi"*. Di solito ci veniva risposto un *"macché!"*. Quando insistevamo sul fatto che davvero non sapessimo, ci guardavano come se fossimo matti. *"Ma perché non volete saperlo?"*, chiedevano. Di solito la nostra risposta era che non volevamo rovinarci la sorpresa. Non l'avevamo saputo fino alla nascita di Luca e Anna, ed era stato davvero bello scoprirlo alla fine. Proprio una bella novità.

Un'amica di Stefania di recente ha dato alla luce una bambina, Erica. Sapevamo che era femmina diversi mesi prima della nascita. Sapevamo perfino il nome. L'altro giorno Stefania mi ha detto "Erica è nata". Praticamente ho reagito con un'alzata di spalle "ah, già". Non c'era nessuna sorpresa, nessuna novità. Oltre al fatto che mamma e figlia stavano bene, cosa positiva, ma di per sé non nuova.

Mi ricordo ancora di quando annunciai la novità della gravidanza di Stefania ai Rossi, i nostri proprietari. Credo che avessero già intuito qualcosa quando mi fecero la solita domanda "ci sono novità?". Entravo in casa loro ogni mese per portargli l'affitto, e ogni volta mi offrivano un caffè, dei cioccolatini e una chiacchierata in amicizia. Questa volta, però, Signor Rossi pensò che fosse il caso di offrirmi qualcosa di più forte. Mi sa che l'aveva messo in fresco mentre mi aspettava. Erano tutti e due veramente contenti per noi, e si stavano emozionando all'idea del nuovo arrivo "in casa", come dissero, quasi come se facessimo tutti parte di una grande famiglia. Dissero inoltre che non c'era stato un nuovo arrivo nel circondario dalla nascita della loro figlia Martina, sedici anni prima.

Eravamo abbastanza tranquilli riguardo alla nostra novità, sembrava che tutti gli altri fossero molto più eccitati di noi: le farmaciste, la panettiera, i signori dell'edicola all'angolo, per non parlare ovviamente dei genitori di Stefania, i suoi colleghi e i suoi parenti.

Eravamo continuamente inondati di domande la cui frequenza aumentava man mano che la data si avvicinava: *"come sta la signora? Tutto bene? Ha già sentito qualcosa? Per quando è prevista la nascita? Ci siamo quasi, vero? Gli altri due sono arrivati in ritardo? Di quanti giorni?"*, e così via. Le mie risposte a queste domande di solito innescavano pronostici da parte dei domandanti sulla data e il sesso del bambino. Io sorridevo e annuivo, poi mi congedavo, promettendo che avrei fatto saper loro se fosse successo qualcosa.

Presi seriamente in considerazione l'idea di mettere un annuncio sul giornale quando Stefania partorì, giacché sapevo che non ce l'avrei mai fatta a farmi il giro di tutti i negozi e i bar per farlo sapere a tutti di persona. Mentre alla nascita dei primi due feci chiaramente esperienza di un genuino interessamento da parte di famiglia e amici, non si avvicinò mai ad essere la grande novità del circondario. Mi sono seduto e ci ho pensato su. Credo che da un lato sia per via del fatto che in Italia c'è generalmente più interesse per i bambini, e vengono date loro attenzioni speciali che in Scozia non danno. Dall'altro, è certamente vero che in Italia ci sono meno nascite rispetto agli altri paesi europei (anche se Germania e Portogallo battono il Bel Paese, mandandolo al terzo posto), e di conseguenza è un evento molto atteso e sentito. In ogni caso, è stato bello essere popolari, anche solo per qualche mese.

CAPITOLO QUINDICI

Il presepe

L'otto dicembre, è festa nazionale qui in Sardegna. Si celebra l'Immacolata Concezione. Ho suggerito a Stefania (a mio rischio e pericolo) che, se in questo giorno una banda di angeli si son presentati a Maria e le hanno annunciato che dopo due settimane avrebbe partorito, non sarebbe stato meglio darle qualche consiglio medico? Ovviamente, avrei dovuto star zitto. La mia ignoranza su questi argomenti è leggendaria. Per quelli che sono ignoranti quanto me, l'otto dicembre non si festeggia il concepimento di Gesù Cristo, ma quello di Maria. Adesso che lo sapete, potete stupire parenti e amici.

Comunque, resistendo alla tentazione di fare di

nuovo il pignolo (ad esempio, quando è nata Maria? In questo caso la mia domanda è ancora valida), ho deciso di fare da bravo. Perché dovrei mettere in discussione l'avere un giorno di vacanza da passare con la mia famiglia, cibo gustoso e delizioso vino? In Scozia l'Immacolata non è festeggiata per niente. Anzi non è neanche nominata. Mi son ritrovato a mandare un sms a mia madre "ci sentiamo domani che è l'Immacolata Concezione, sarò libero tutto il giorno". Strepitoso. Non avrei mai pensato di includere le parole "Immacolata Concezione" in un messaggio destinato a mia madre.

Il giorno dell'Immacolata implica i soliti aspetti festivi: incontrarsi con la famiglia (nel mio caso i miei suoceri), e mangiare e bere tutto il giorno. Ma l'otto dicembre è anche dedicato all'addobbo dell'albero di Natale e alla scrupolosa costruzione del presepe. Qui in Italia il presepe è una parte essenziale delle decorazioni natalizie, ed è preso abbastanza seriamente. Il fatto che abbiano una parola specifica per "scena della natività" è tutto dire. In Scozia non abbiamo una parola specifica per il presepe. Non è proprio parte della nostra cultura.

Alcune famiglie in Sardegna fanno del proprio meglio per allestire un presepe grandioso con molti personaggi (non solo i Re Magi, Maria, il bue e l'asinello e ovviamente San Giuseppe e Gesù bambino), ma anche acqua corrente, luci, e figure in movimento. Non ci credete? È tutto vero. Qui è obbligatorio avere il presepe in casa sotto Natale. Se vuoi fare l'albero va bene, ma scordati di trascurare il presepe.

Crescendo in Scozia, era l'opposto (e per quanto ne so è ancora così): in altre parole, tutti avevano luci e albero, in pochissimi si prendevano la briga di metter su una natività. Infatti, quelli che decidevano di far qualcosa di elaborato con le decorazioni di solito addobbavano il giardino di luci o compravano un Babbo Natale fluorescente che pareva scalasse la grondaia.

Ogni chiesa qui in Sardegna spende un sacco di tempo e soldi nella realizzazione di un presepe molto sofisticato che spesso attrae visitatori da tutta la città. Infatti, se vi trovate a Cagliari sotto Natale, raccomando di visitare la Chiesa di Sant'Ignazio, vicino all'anfiteatro romano. Il loro presepe è veramente incredibile, mai vista una cosa del genere.

Alcuni anni fa, a Muravera, città turistica vicino a San Vito, c'era una "caccia al tesoro" di circa venti presepi, che implicava l'andare da una parte all'altra del paese per ammirare i vari presepi creati dalle chiese, negozi e alcuni abitanti che avevano allestito le loro impressionanti natività nei giardini. Camminavamo da un presepe all'altro come una sorta di orienteering a tema religioso. C'era un'atmosfera deliziosa, incontravamo gente e ci scambiavamo indicazioni su dove trovare il prossimo presepe.

Lo stesso anno avevamo passato il Natale a San

Vito e finimmo con l'andare alla messa di mezzanotte. La chiesa era strapiena e la musica celestiale (specie grazie ad Alessia e Giovanna, le cugine di Stefania, che avevano organizzato il coro). Quando uscimmo dalla chiesa, circa a l'una, nella piazza c'erano tavolini con spumante e panettone che aspettavano i fedeli per accompagnare lo scambio degli auguri. Era bello, e sembrava che ci fosse tutto il paese. L'atmosfera era di fratellanza e comunità.

Sì, l'Italia sembra ancora un paese molto cattolico. O almeno la Sardegna. La quantità di feste qui è incredibile, e quasi tutte sono legate alla religione. Oltre che ai soliti Natale e Pasqua, abbiamo la già detta Immacolata Concezione, Ognissanti, e il giorno del Santo Patrono della città dove vivi. A Cagliari ne abbiamo due: Sant'Efisio, il primo maggio, segnato da una grande processione attraverso la città in cui la gente indossa il costume tradizionale ed è pieno di bancarelle con cibo e bevande gratis (descritto nel capitolo 25 – *Sagra*). Poi San Saturnino, il trenta di ottobre.

Oltre all'ovvio piacere del giorno di vacanza, c'è qualcosa di piuttosto piacevole nel fatto che la festa abbia un effettivo significato. Di ciò si è discusso recentemente nel Regno Unito, si considerava l'idea di avere un "British Day" e in Scozia, da anni stanno lottando per avere il riconoscimento del giorno di Sant'Andrew, santo patrono nazionale, come festività pubblica.

Infatti, quando stavamo in Scozia, Stefania

spesso mi faceva una lavata di capo (come se fosse colpa mia) sulle feste in Regno Unito, non solo per la mancanza delle suddette, ma per la mancanza di significato dietro le poche che ci sono. Tenendo a mente che gli italiani hanno una festa nazionale anche il giorno in cui l'Italia divenne una repubblica e il giorno in cui furono liberati dall'oppressione nazista, Stefania la mise su questo piano: "In Italia festeggiamo eventi storici e religiosi, voi qui festeggiate le *bank holidays,* cioè quando le banche decidono di chiudere per un giorno". Ahi!

I lati positivi sono la mancanza di commercializzazione intorno alle feste religiose, come Natale e Pasqua. E secondo me ciò è particolarmente degno di nota. Per esempio, nei nove giorni prima del Natale, le chiese sono piene di gente che partecipa alla Novena, in cui preghiere e canti natalizi vengono cantati per trenta minuti al giorno.

Il giorno di Natale viene passato soprattutto a mangiare e a parlare, con molto meno alcol e regali che in Scozia. Anzi la tradizione qui in Sardegna anni fa era che i bambini ricevevano i regali il sei gennaio, giorno dell'Epifania, tuttavia da un po' si portano i doni il giorno o la Vigilia di Natale, in linea con molti altri paesi occidentali (forse a eccezione della Spagna). Comunque, vige ancora la tradizione dell'appendere le calze perché la Befana le riempia di caramelle e cioccolatini per i bambini che son stati buoni tutto l'anno, e di carbone per i monelli.

Le similitudini tra il ruolo culturale di Babbo Natale e quello della Befana sono ovvie, ma i confini tra le due figure sono vagamente sfumati dalla maggior popolarità di Babbo Natale. Anche se, cosa abbastanza interessante, l'uso delle calze è riservato alla Befana, e non a Babbo Natale come nel Regno Unito. Il che causa una sorta di confusione in una famiglia bi-culturale. I bambini si aspettano che le calze vengano riempite sia il venticinque dicembre che il sei gennaio. Ancora non hanno avuto il coraggio di fare domande sulla corrispondenza dei ruoli di Babbo Natale e della Befana. Sanno che facendolo, potrebbero venire a scoprire cose che non vogliono sapere. Meglio star zitti e approfittarsi della doppia quantità di caramelle (o nel nostro caso uno spazzolino da denti, un mandarino e una moneta da due euro, tra le altre cianfrusaglie).

La bellezza (o no, dipende da come la vedi) del Natale italiano è il giorno di Santo Stefano, una sorta di sequel del giorno di Natale. Si fa tutto di nuovo: tutti si riuniscono intorno a un enorme, lunghissimo pranzo, e si godono la compagnia gli uni degli altri. Il che può essere un problema se ti offri di essere padrone di casa: avrai tutta la famiglia a casa la sera del ventiquattro, il venticinque e il ventisei.

Quest'anno (mentre scrivo) sarà particolarmente laborioso dal momento che il giorno di Natale cade di venerdì, il che significa che il ventisette sarà domenica, e come da tradizione tutti si riuniranno per un altro lungo pranzo. Quindi l'abbuffata natalizia durerà tre giorni interi (per questo motivo quest'anno scappiamo in Scozia). Al confronto, la prospettiva di ospitare il Natale in stile britannico (qualche ora per cena) non sembra più tanto spaventosa. E non ti devi nemmeno incasinare ad allestire il presepe, a meno che proprio tu non voglia. In questo caso, assicurati di farne uno molto sofisticato, altrimenti lo snobberanno.

CAPITOLO SEDICI

Tradizioni

Gli italiani hanno un'espressione, "auguri e figli maschi", usata di solito ai matrimoni per augurare il meglio agli sposi. Oltre ai toni chiaramente sessisti e sciovinisti, e al chiaro anacronismo coi nostri tempi (anche se Stefania, probabilmente volendo difendere i suoi connazionali, dice che non sente questa espressione da anni. Non sono d'accordo, io la sento ancora), mi ha sempre intrigato. Come fa uno a non volere una bellissima piccolina, una figlia, quanto un maschietto? Man mano che si avvicinava l'arrivo del nostro terzo figlio, mi emozionavo sempre di più, e la verità era che sarei stato ugualmente deliziato a prescindere dal sesso.

Erano i primi di febbraio, un anno dopo il nostro arrivo, e guidavo verso l'ospedale più in fretta che potevo, mettendo da parte la mia guida pacata e coscienziosa che di solito usavo per evitare incidenti e sinistri stradali. Il bebè stava arrivando!

Stefania voleva assolutamente partorire in acqua come aveva fatto per gli altri due, ma non c'era tempo. Il bebè non stava perdendo tempo a venire al mondo. Era un maschio! Un bellissimo maschietto! Mi diedero il compito di uscire e comprare un fiocco azzurro da appendere sulla porta di casa, per proclamare la notizia al mondo (beh, ai vicini). Ovviamente, se fosse stata femmina, avrei dovuto appendere un fiocco rosa. Chi l'avrebbe mai detto che potessero essere così tradizionalisti qui?!

Lo chiamammo Finn, un nome celtico per bilanciare il fatto che fosse nato qui e per continuare il nostro trend di dare nomi propri dell'"altro" paese. Continuammo anche con la nostra tradizione di dare nomi di quattro lettere, cosa che non passò inosservata da parenti e amici. *"Fraser, guarda che qui non c'è la tassa sulla lunghezza dei nomi"*, disse Flavio. Sì, ma su tutto il resto c'è, cavolo, risposi.

La gioia dell'arrivo di Finn fu vagamente mitigata da una tipica saga italiana che seguì quando andammo a registrarlo al comune. Volevamo chiamare il nuovo arrivato Finn Mancini Lauchlan. Mancini è il cognome di Stefania, e l'avevamo già messo come secondo nome ai due più grandi. Anche se nati e registrati in Scozia, questa decisione non ci diede nessun problema. In effetti, in Scozia è molto comune avere il cognome della madre come secondo nome. Anzi noi lo definiamo "middle name" (il nome nel mezzo fra il nome e il cognome). Il mio stesso secondo nome (o *middle name*) è il cognome di mia madre, e conosco un sacco di gente come me). Si potrebbe dire che è ormai una tradizione in Scozia.

Quando dichiarammo di voler dare "Mancini" come secondo nome a Finn, ottenemmo una serie di "uhmm" e significative pause da parte dell'impiegata del comune. Non era proprio un no, ma certamente una sorta di dubbio sulla "legalità" della nostra scelta. Alla fine, stampò i moduli che avremmo dovuto firmare, ma poi entrò il suo capo, uno stronzo basso, grasso e pomposo[3] e, sfortunatamente per noi, l'impiegata decise di fargli vedere se fosse tutto a posto. Non sapeva che questa sua decisione avrebbe scatenato un'epopea che avrebbe compreso visite al tribunale e discussioni di stampo legale per i successivi due anni e mezzo.

Proverò a essere conciso, ma potrei riempire almeno sei volumi. La storia è questa: in Italia, il concetto di "middle name" non viene capito. Ci sono ovviamente i nomi (il più delle volte uno solo)

---

[3] Questa descrizione dell'impiegato dell'anagrafe è stata cambiata per assicurarne l'anonimato. Se i suoi legali stanno leggendo, posso confermare che non era affatto così.

e i cognomi (stessa cosa, spesso un cognome solo). Ci sono casi di doppio cognome, ma sono abbastanza rari. Conosco persone che hanno due nomi ma è come se fossero un solo primo nome (si usa anche in Scozia, e si tratta di nomi femminili di origine cattolica, per esempio Maria Elisabetta, Anna Chiara, Anna Maria e via dicendo). Oppure ci sono persone con un secondo nome ma sempre un nome – non è mai un cognome.

Il ragionamento del grassone basso e pomposo era il seguente: il secondo nome come cognome non esiste in Italia, quindi non potete mettere un cognome come uno dei nomi del bambino. Ribattemmo che ciò avrebbe significato che il nome del bambino sarebbe stato diverso dai primi due, che avevano già il cognome della madre come secondo nome. Ma ciò non fece altro che gettare benzina sul fuoco, e ci rispose tempestivamente che una cosa del genere non sarebbe mai dovuta accadere. Quando spiegammo che erano nati in Scozia, ribatté che al nostro trasferimento le autorità competenti ci avrebbero dovuto dire di cambiare il nome ai bambini. Un ragionamento privo di senso.

Pertanto, aggiunse, non solo non ci avrebbe permesso di chiamare nostro figlio Finn Mancini Lauchlan, ma, inoltre, avrebbe scritto al procuratore fiscale di investigare sul caso dei due bambini che avevano un cognome al posto del nome (un crimine quantomeno scandaloso, secondo lui). Quando dissi che vivevo in Italia e anche io avevo un cognome come nome (conformemente alla rigida politica dei nomi e cognomi italiani) mi ignorò. Non so perché non venissi considerato abbastanza importante da aprire un'indagine anche su di me, dal momento che ero macchiato dello stesso crimine dei miei figli, ma così era la situazione. Una parte di me, una grossa parte, sentiva che eravamo vittime di un burocrate ottuso, assetato di potere, probabilmente sessualmente represso con anche una vena di xenofobia[4]. Eravamo vittimizzati solo per il fatto che noi, o meglio io, non ero italiano? Non lo possiamo sapere, ma il mio sentore era questo.

Dopo scoprimmo che non aveva diritto di rifiutare di concederci il nome scelto da noi, al massimo avrebbe dovuto avvisarci che, dal suo professionale punto di vista, la nostra scelta avrebbe potuto rivelarsi illegale e ne avremmo dovuto rispondere. Ma allora non lo sapevamo. Perciò, dopo che il litigio era andato avanti per un po', dovemmo cedere, e decidemmo di chiamare il bambino Finn Bernardo Lauchlan. Il pomposo nano ciccione era davanti al computer quando annunciammo la modifica.

Vorrei aver avuto una macchina fotografica con me per immortalare la sua espressione. L'avrei incorniciata e mostrata a tutti, affinché

---

[4] Ribadisco, notate bene che questa descrizione è stata cambiata per assicurare l'anonimato dell'affabilissimo impiegato del comune.

assaporassero la sua pomposità. "Ah, capisco cosa state facendo", affermò, mentre chiaramente metteva a setaccio tutte le informazioni demografiche della nostra famiglia. Ma non c'era niente che potesse fare. Bernardo, un nome valido, sui cui non poteva dire niente, era anche il cognome della madre di Stefania, quindi dopotutto riuscimmo a far entrare un piccolo riferimento alla famiglia di mia moglie. Bernardo può infatti essere sia nome che cognome, come Valentino, Franco, Simone, Costantino, Marcello e molti altri, il che prova che tutto il ragionamento "i cognomi non possono essere nomi" è piuttosto insensato.

Diversi mesi dopo l'accaduto, Stefania ricevette una telefonata dal tribunale regionale. Ci informavano che avevano ricevuto un rapporto da un impiegato del comune riguardo l'uso di cognomi al posto dei nomi ai nostri due figli maggiori. L'impiegata al telefono aveva quasi un tono di scusa, man mano che ci informava che dovevano agire aprendoci sopra un caso.

Altrettanti mesi a seguire dovemmo presentarci in tribunale per "difenderci". Era grottesco. Non facevo altro che pensare allo spreco di tempo e di soldi pubblici. Dovevamo sederci e disquisire sulla tradizione scozzese di mettere il cognome materno come secondo nome (mentre mi difendevo mi lasciai andare in una piccola iperbole: ho accennato al sistema del clan e all'importanza di mantenere il lignaggio familiare per cose importanti come questa, un po' come l'uso del kilt appropriato a seconda della cerimonia). Comunque, alla fine vincemmo. Non eravamo costretti a cambiare i nomi di Luca e Anna. Almeno il buon senso aveva trionfato su tutte queste assurdità burocratiche.

Ma quella non fu l'unica volta che ci impantanammo in un mare di scartoffie anacronistiche e burocratiche: il giorno che andammo al comune a registrare la mia residenza (che rispetto alla Scozia viene presa molto seriamente), Stefania era dovuta venire con me. Doveva firmare qualcosa per confermare che vivevamo insieme. Non solo, perché mi venisse accordata la residenza, dovevo provare di avere un lavoro, o almeno cinquemila euro in banca. Non avevo ancora un lavoro, ma a prescindere, la trovavo una rimarchevole e superflua invasione della mia privacy.

Protestai dicendo che la Scozia faceva parte della Comunità Europea, e di conseguenza avevo tutti i diritti di vivere qui a prescindere dalla mia occupazione o patrimonio (tutto questo successe diversi anni prima del Brexit). Inoltre, mia moglie e i miei figli non venivano minimamente considerati, quindi alla fine dovetti dar prova del mio modestissimo patrimonio. Adesso ho imparato che non ha senso cercare il dialogo coi burocrati. Una volta che sono convinti di una cosa, quella è (a meno che, secondo quanto si dice, non dai loro un "incentivo"). Decisi di adattarmi e fare ciò che mi veniva richiesto, dal momento che, come scherzò Stefania, magari la prossima volta ci avrebbero detto che per cambiare residenza ci sarebbe voluto una benedizione speciale del Papa.

A parte il fatto che ciò comportò un'ulteriore perdita di tempo nel tornare a casa e trovare un estratto conto da poi portare al comune, pensavo che tutto questo fosse ridicolo per natura. Se non gli facevo vedere il mio estratto conto, significava che non mi avrebbero permesso di vivere con mia moglie e i miei figli? Pensando a voce alta, mi chiedevo se tali restrizioni sarebbero state uguali in una situazione in cui i ruoli erano l'opposto, ad esempio se l'italiano fosse il marito con un impiego a tempo pieno ed era la moglie britannica a chiedere la residenza. Potrei sbagliarmi, ma forse sarebbe stato diverso. Ciò riflette i valori tradizionali (e, diciamolo, profondamente anacronistici) che esistono ancora qua in Sardegna.

CAPITOLO DICIASSETTE

Il verde prato di casa

In italiano, come in inglese, c'è il detto *"l'erba del vicino è sempre più verde"*. Mi stupisco sempre da quanta gente mi dice *"sei scozzese? E che ci fai qui? La Scozia è stupenda. Vorrei tanto viverci"*. Ovviamente la situazione è simile quando vado in Scozia per le vacanze, e ricevo un sacco di commenti invidiosi sulla vita che secondo loro sicuramente faccio in Sardegna. Ho perso il conto delle volte che ho dovuto sopportare il commento *"sei un uomo fortunato"* da parte di famiglia e amici. L'unica cosa è che non dicono proprio *"uomo"*.

Non è difficile dare una spiegazione a queste idee apparentemente contrastanti, considerando il proverbio sopracitato. Forse, per alcuni sicuramente, c'è l'idea sbagliata che esista qualche tipo di paradiso in Terra, un posto dove tutto è bellissimo e perfetto. Certo, possiamo dire che al mondo ci sono alcuni posti migliori di altri, ma ciò sicuramente non vuol dire che questi posti "migliori" hanno tutto. Per quanto mi riguarda, ogni posto ha vantaggi e svantaggi. E, inoltre, penso che ci siano aspetti di un posto (diciamo la Scozia) che possono essere considerati svantaggi da quelli che ci vivono, ma guardati con invidia da chi vive in un ambiente completamente diverso (diciamo la Sardegna). Adesso mi spiego.

Il primo Natale che passammo in Sardegna fu caratterizzato da un'ondata di caldo che fece salire le temperature a ventisei gradi, ma nello stesso periodo, famiglia e amici si lamentavano dell'inverno eccezionalmente freddo che dovevano sopportare in Scozia, ed esprimevano la loro invidia per me in modo abbastanza aggressivo al telefono. Ma c'era una parte di me (una grossa parte di me) che era invidiosa di loro e del tempo nevoso e invernale che c'era su a casa, che dipingeva il Natale di bianco. Il tempo che faceva in Sardegna, sebbene piacevolmente caldo, mi sapeva di ingiustizia, come se mi avessero ingannato. Non si dovrebbe uscire a maniche corte a Natale, è sbagliato e basta!

Sono sicuro che alcuni penseranno che sia pazzo, ma forse no. E non è stata l'unica volta che ho avuto un momento di debolezza (leggi: una valanga di nostalgia) da quando ci siamo trasferiti.

Le altre occasioni comprendono tutte le volte che devo andare alle poste o in banca, dove l'esecuzione delle procedure più semplici prende una grandissima quantità di tempo. Quando Stefania è sulla porta di casa per andare al lavoro e mi chiede se posso passare alle poste, tutto il mio essere cade in una profonda depressione perché capisco che tutti i piani che avevo per la mattinata andranno rimandati. Il procedimento lento e arduo proprio della burocrazia italiana mi fa perdere la testa a tal punto che poi la ritrovo e la perdo di nuovo. Succede di frequente: vieni spedito da un ufficio all'altro per prendere qualche documento che dovevi avere e alla fine ti ritrovi allo stesso punto di due o tre ore prima. Da quando viviamo in Sardegna, le mie occasionali esperienze di déjà-vu si sono moltiplicate.

Le altre occasioni in cui mi manca casa sono probabilmente più comprensibili, specialmente per quelli come me che si sono allontanati dal posto dove son cresciuti. Parlo delle volte che ti mancano, e intendo che ti mancano proprio tanto, la tua famiglia e i tuoi amici, la gente che conosci da sempre e che ti conoscono fin troppo bene, e con cui puoi semplicemente sederti con una pinta o una tazza di tè e parlarci liberamente nella tua lingua o dialetto, su tutto e tutti. Questo è un aspetto della vita scozzese che mi manca terribilmente, un po' di chiacchiere. Intendo una conversazione rilassata e scherzosa che puoi avere con chiunque: famiglia, amici, sconosciuti alla fermata dell'autobus, quel tipo di interazione che ti fa sorridere immediatamente. Anche se sei bagnato fradicio per l'acquazzone che fa mentre aspetti il bus.

Ma sto divagando. Per tornare al discorso di prima, ci sono molte persone qui che, sorprendentemente, mi guardano con espressione interrogativa quando dico che mi sono trasferito dalla Scozia. A parte mio cognato Flavio.

Flavio è fantastico, è diventato in qualche modo il mio migliore amico. Ci conosciamo da quasi vent'anni, quando sono venuto per la prima volta con Stefania. Ora che è sposato con la sorella di mia moglie, Sara, siamo diventati parenti, ma la nostra amicizia va oltre i legami familiari. Dopo Stefania, è a lui che mi rivolgo se c'è qualcosa di cui ho bisogno di parlare. Ha anche molto senso pratico: più di una volta mi è venuto in aiuto per le cose più disparate, dall'aggiustare i giocattoli elettronici dei bambini, al montare i mobili, fino a diventare il nostro meccanico part-time. Se ho un problema, Flavio c'è. Praticamente è la versione in carne e ossa di Bob Aggiustatutto. E quando qualcuno è imbranato di natura, e ha grossi problemi di orientamento, qualcuno come Flavio è una manna dal cielo.

Giochiamo a calcio due volte alla settimana, a volte andiamo allo stadio, e spesso usciamo a berci una birra. Dal nostro primo incontro, Flavio mi ha fatto sentire il benvenuto in una terra straniera. Non c'era sospetto o "paura" in lui per il fatto che provenissi da un altro paese (sentimenti in cui mi imbatto ancora, anche se adesso parlo bene l'italiano e ho moglie e figli sardi). Flavio mi ha sempre trattato come avrebbe trattato chiunque altro considerasse un amico, il che di solito comporta prendermi in giro, come io faccio con lui. Questi scambi con Flavio sono la cosa che più si avvicina alla "chiacchierata alla scozzese" di cui parlavo prima. Credo che se non avessi lui, mi sentirei perduto e isolato quaggiù.

Flavio è l'unico che non mi ha mai chiesto perché mi sono trasferito qui. Infatti, era genuinamente sorpreso del fatto che ci abbiamo messo così tanto a trasferirci in Sardegna. Per Flavio, vivere in Sardegna equivale a vivere in paradiso, e non perde mai tempo a evidenziare i vantaggi piuttosto che gli svantaggi.

Una delle molte cose per cui gli sono grato è che mi ha integrato nelle partite di calcio coi suoi amici. Dalla prima settimana, si è assicurato che giocassi. Mi è sempre piaciuto il calcio, più giocarlo che guardarlo, e il pensiero che non avrei potuto giocare frequentemente come facevo in Scozia mi terrorizzava. Provai un grande sollievo quando Flavio mi assicurò un posto nel gruppo così in fretta. Gioco con loro da diversi anni ormai e li conosco molto bene. Gli ci è voluto un po' per imparare il mio nome ("Fritz", "Fresh" e l'intramontabile "Freezer" sono solo alcuni dei nomi con cui mi son sentito chiamare), e in verità c'è ancora qualcuno che lo pronuncia male, dopo tanti anni, ma non mi dà fastidio. Sono come la mascotte esotica del gruppo – *lo scozzese*. Mi trovo perfino in situazioni in cui non riesco a immaginarmi a giocare di nuovo coi miei amici in Scozia.

La settimana dopo la nascita di Finn mi presentai al campo per la nostra solita partita del lunedì sera. Giocavamo da circa un anno, eravamo già usciti qualche volta per una pizza, ma non eravamo proprio amici intimi. Nonostante ciò, si misero in fila per baciarmi sulle guance e congratularsi per la nascita del mio terzo figlio. Flavio gli aveva detto il motivo per cui ero stato assente la settimana precedente, e tutti avevano sentito il bisogno di celebrare l'evento baciandomi e augurandomi tutto il meglio. Non riesco a immaginarmi la stessa scena in un campo da calcio scozzese o inglese. Se provi a fare qualcosa del genere, molto probabilmente finisci impiccato alla porta. In Scozia di solito salutavo i miei compagni di calcio con un grugnito a inizio partita e uno alla fine, solo che alla fine, quando suona il fischietto, ci si stringeva la mano; una tradizione che, ho notato, non è sempre rispettata qui.

L'unica informazione che condividi con i tuoi compagni su in Scozia è se riuscirai o no a venire la settimana dopo (nota: questo era più il caso prima dell'uso del cellulare). Mi ricordo ancora uno dei ragazzi con cui giocavo a Edimburgo, che annunciò che la settimana dopo sarebbe stato assente perché si sarebbe sposato e sarebbe stato in luna di miele alle Maldive. Nessuno sapeva che Thomas era fidanzato, figuriamoci che si sarebbe sposato. La reazione degli altri, con cui giocavo già da diversi anni, non fu quella di congratularsi vivamente e augurargli tutto il meglio per il suo matrimonio (che Dio ti aiuti se dimostri un qualunque calore umano in modo fisico. Abbracci e baci? Ma scherziamo?), piuttosto lo interrogarono in tono vagamente aggressivo per sapere se si sarebbe presentato la settimana dopo ancora.

Invece, dopo aver giocato ogni settimana per anni qui in Sardegna, posso dire che conosco i miei compagni abbastanza bene, a volte fin troppo. Non mi riferisco al rituale dei baci, non mi imbarazzo più al pensiero di baciare un altro uomo, ormai fa parte della mia quotidianità. Mi riferisco alle conversazioni bizzarre che mi capita di avere coi compagni, che so per certo non potrebbero mai capitare in Scozia.

Devo contestualizzare un po' prima di passare alla prossima storia, che riguarda la più grande invenzione francese che adesso si trova anche in certe case anglosassoni (beh, magari non moltissime): il bidet. Nonostante la sua origine francese, il bidet è tipicamente italiano: a quanto pare l'Italia è la numero uno al mondo, il 97% delle case ha un bidet in bagno.

Devo essere onesto: prima di trasferirmi in Sardegna non sapevo bene quale fosse la funzione del bidet. A grandi linee, sapevo che non serviva a lavarsi i piedi ma le parti intime (quando lo scoprii avevo all'incirca ventitré anni), ma a parte questo,

ero abbastanza ignorante. In mia difesa posso dire
che non c'erano molti bidet a Kilmarnock negli anni
'70 e '80. Probabilmente non ero il solo a non
saperlo.

Il primo dilemma del bidet è: da che parte mi
metto? Mi ci sono voluti anni prima di avere il
coraggio di chiederlo. All'inizio ero piuttosto
sospettoso, o meglio, diffidente. Semplicemente
l'idea di usarlo non mi faceva sentire a mio agio,
quindi lo evitavo. Tuttavia, passati alcuni mesi nel
nuovo appartamento, sentii che non potevo più
ignorare il bidet. Era come se un elefante bianco mi
fissasse ogni volta che entravo in bagno. Un giorno
feci un tentativo, e fu una goduria. Mi sentii
rinfrescato senza aver fatto una doccia completa.
Oggi non saprei cosa fare senza il bidet, cosa che
non dico ai miei amici su in Scozia. Sicuramente vi
immaginate le reazioni.

Ma cosa ha a che fare il bidet con i miei amici del
calcio? Dopo una partita, un lunedì di agosto,
chiacchieravamo come nostro solito, e chiesi a uno
dei ragazzi come fossero andate le sue vacanze.
Aveva visitato Londra per la prima volta.

"*Un incubo*" rispose Fabrizio.

"*E come mai? Non hai visto il Tower Bridge, il Big
Ben, il British Museum?*" domandai, vagamente
sbigottito, visto che di solito tutti tornano a
bocca aperta dalla prima visita a Londra.

"*Sì, certo, ma era l'albergo. Era molto carino e tutto,
ma non c'era il bidet*".

Dev'essere che guardai strano Fabrizio, mentre mi chiedevo come fosse possibile che l'assenza di un bidet potesse rovinare un'intera vacanza. Lui continuò: *"dovevo entrare in doccia dopo ogni cagata. Che palle"*. Lo guardai stupito. La prima cosa che mi venne in mente fu di rispondere qualcosa come *"non potevi solo pulirti il culo e andare avanti con la tua vita?"*, ma non mi venivano le parole esatte in italiano, mentre soffocavo una risata: mi stavo immaginando l'impossibilità di una conversazione simile in Scozia:

Io: *"Allora Thomas, com'è andato il viaggio di nozze?"*

Thomas: *"Non tanto bene. Voglio dire le Maldive sono belle e tutto, ma la sai una cosa? Non c'era il bidet in albergo".*

Io: *"Ma non ci credo! Dev'essere stato un incubo. E come hai fatto?"*

Thomas: *"Niente, vacanze rovinate. Rovinate. Non ci torno più".*

La bizzarra conversazione con Fabrizio mi fece riflettere, tuttavia. L'erba del vicino sarà sempre più verde, e può essere bello farci un salto ogni tanto e vedere ciò che offre. Ma possono mancare delle cose a cui sei abituato, che non hanno niente a che vedere con la bellezza del prato. E se ti piace il colore del tuo giardino, nonostante i suoi difetti? Sto ancora cercando di capire da che parte della staccionata vivo. La Scozia è bella, e a volte mi manca. Ma adesso sono abituato al mio bidet, e non ce ne sono molti in Scozia.

CAPITOLO DICIOTTO

Graffiti

Se c'è una cosa che mi infastidisce qui (a parte le zanzare, l'infinita burocrazia, la guida pericolosa, la gente sempre in ritardo, i valori anacronistici e ci aggiungo anche la mancanza di infrastrutture decenti), è la quantità di graffiti. Sono dappertutto, e sono un pugno nell'occhio. Mi sembra che la gente ne sia ormai immune e che non li notino come faccio io. È virtualmente impossibile trovare una strada che non mostri una certa quantità di vandalismo sui muri.

Dopo la nascita di Finn dovemmo iniziare a cercare una casa nuova. Ormai in cinque stavamo stretti nell'appartamento sopra i Rossi. Il problema era che ogni volta che andavamo a vedere una casa, mi giravo verso Stefania e dicevo *"mi sa che questa zona non mi piace, guarda tutti questi graffiti"*, il mio cervello scozzese stava stabilendo un'associazione diretta tra graffiti e desiderabilità dell'area. Tuttavia, ci sono talmente tanti graffiti qui che la gente del posto non fa tale associazione. Infatti, Stefania rispose che se avessi voluto acquistare casa dove i graffiti erano almeno a un chilometro di distanza, avremmo dovuto cambiare nazione. E purtroppo aveva ragione. Quando dico che sono dappertutto, intendo che sono dappertutto davvero. Li notano anche i miei figli.

Poco dopo il nostro trasferimento, eravamo in macchina e Luca fissava un palazzo che aveva diversi messaggi scritti con lo spray. Alcuni erano di natura interessante e politica, altri non tanto. Il bambino mi chiese: *"perché lo fanno, papà? Non è bello"*, come se fosse la prima volta che li vedeva. Prima che mi imbarcassi in un lungo discorso filosofico sui meriti e demeriti del vandalismo, mia figlia di tre anni disse: *"forse hanno finito i fogli"*. Beh, è una possibilità anche questa.

I messaggi spaziano dall'apertamente offensivo al politico al personale (di solito dichiarazioni d'amore). Tuttavia, sono impressionato da alcuni messaggi di carattere politico sparpagliati sui muri, molti dei quali inneggiano al pensiero Marxista. Per esempio, l'altro giorno ne ho visto uno che diceva "il 21esimo secolo segnerà la primavera di Marx e Engels" (un messaggio che non vedi su molti muri di Kilmarnock). Vicino a dove abitiamo ce n'è un altro che dice "se hai il cuore a sinistra non tenere il portafoglio a destra". Questo mi piace molto. Per via della crisi qui (e in molti altri posti, c'è da dire) vengono fatti molti tagli alla spesa pubblica, soprattutto all'istruzione. Fuori una scuola c'era una scritta che semplicemente diceva "Itaglia". Geniale.

Certo, ci sono alcuni graffiti anche in Scozia. Alla fine degli anni '80 girava una leggenda (ho sentito un sacco di gente giurare che fosse vera) secondo cui qualcuno a Dundee – una città vicino Edimburgo - aveva scritto "FREE MANDELA" fuori da un ristorante italiano ('free' in inglese ha il doppio significato: 'libero' e 'gratuito'). Il giorno dopo si era formata una lunga fila di gente che aspettava che il ristorante aprisse, impazienti di provare quello che credevano fosse il nuovo piatto forte del locale. Il che la dice lunga sul livello culturale di Dundee…

Ci sono anche bellissimi murales. Non tutto è vandalismo (si dovrebbe aprire tutta una discussione sull'identità vandalica dei murales, solo non qui e non ora). In verità, in molti paesini e villaggi sardi, è tradizione decorare i muri dipingendoli. Probabilmente il paese più famoso per i murales è Orgosolo, a circa due ore di macchina da Cagliari, vicino a Nuoro. Orgosolo è anche vicino a Dorgali, dove stavo conducendo le mie ricerche sul bilinguismo (vedi capitolo 11), quindi un giorno decisi di visitarlo. Fu spettacolare.

I murales di Orgosolo sono stupefacenti, il paese è come una galleria a cielo aperto disponibile a tutti.

C'è anche un altro paese vicino a Cagliari, San Sperate, dove risiede una piccola comunità di artisti sardi (una sorta di Kirkcudbright sarda, per chi conoscesse la geografia scozzese). Lo scultore Pinuccio Sciola nacque a San Sperate e vi ritornò dopo diversi anni essendosi guadagnato un'ampia fama all'estero. C'è un museo all'aperto nella sua città natale dedicato al suo lavoro e che merita sicuramente una visita. A San Sperate si trovano murales su edifici pubblici e privati. Il contrario di un pugno nell'occhio, e neanche lontanamente vicini ai graffiti che vedo vivendo a Cagliari.

Credo che una delle differenze, e una delle cose che mi infastidisce di più, è che qui vedi graffiti soprattutto sugli edifici privati. Pare che non ci sia lo stesso livello di rispetto per la proprietà che forse c'è in Scozia. Iniziavo a pensare che fosse un problema limitato a Cagliari, ma viaggiando per l'Italia negli ultimi anni ho notato che non è affatto così.

Qualche anno fa io e Stefania passammo un weekend nella storica Lucca, una pittoresca cittadina dove la maggior parte delle persone gira in bicicletta, l'architettura è mozzafiato e c'è una bella atmosfera. Ciononostante, anche là fui colpito dai graffiti al centro della città. Infatti, ci trovammo a essere testimoni di un gruppo di adolescenti che stava imbrattando un muro con frasi idiote proprio davanti a noi. Stavo per intervenire, visto che a nessuno sembrava importare, ma per fortuna un poliziotto si avvicinò.

La cosa più incredibile (e sconcertante) è che quei ragazzini la passarono liscia, ricevendo solo una breve sgridata e un invito ad andar via da lì. Non vidi né il poliziotto che prendeva le generalità, né un paio di manette. Beh, magari adesso sto esagerando, ma dai... una punizione se la meritavano di sicuro! (Scusate, ho detto che il mio cuore è inclinato a sinistra? Non quando si tratta di punire degli adolescenti brufolosi che hanno appena rovinato un tesoro). Era come se un arbitro avesse mostrato il cartellino giallo dopo aver visto un difensore alto e grosso prendere a pugni un attaccante mingherlino che stava per segnare.

L'alto livello di tolleranza e apparente mancanza di preoccupazione mostrata dagli italiani verso le città imbrattate di scritte contrasta con il loro modo di presentarsi sempre impeccabile, e non intendo per occasioni formali come matrimoni, battesimi, prime comunioni e così via. Anche quando vanno a fare una passeggiata in centro per fare shopping.

Fare la passeggiata non significa semplicemente "fare una passeggiata". Significa andare su e giù per le vie del centro a guardare le vetrine e incontrare gli amici. È una vera e propria attività culturale.

Mi ricordo ancora la prima volta che venni a visitare Stefania, pochi mesi dopo il nostro primo incontro in Inghilterra. Non avevo la minima idea di come fosse la cultura italiana (non avevo la minima idea riguardo a molte cose, in effetti). Era la prima volta che la visitavo. Quindi, quando lei mi annunciò che andavamo a fare una passeggiata e che dovevo prepararmi, mi misi un paio di pantaloni comodi, scarpe da ginnastica e un bel cappotto di lana grossa (era inverno). Stavamo andando a camminare, quindi aveva perfettamente senso, no? Stefania mi guardò e disse "cambiati". Dopo che fui istruito sugli indumenti da indossare, mi convinsi che stavamo andando a un matrimonio. Mi sa che chiese perfino al padre di prestarmi uno dei suoi cappotti "eleganti", qualcosa che io non avevo, essendo uno studente trendy e molto figo (ok, non ridete, non lo dico più). Comunque, gli italiani tendono tanto a vestirsi bene per uscire quanto ad essere informali a casa. Non è raro, specie per i cittadini più anziani, avere una tuta nell'armadio (oso dire una sorta di guscio protettivo), che indossano appena tornano a casa. I sardi hanno anche una parola particolare per descriverla: "canadese". Non ho idea sul perché l'hanno chiamata così, ma è una parte importantissima del guardaroba italiano.

Adesso "la passeggiata" mi piace. È italiana in modo quintessenziale. E non è **per niente** scozzese. Noi la considereremmo una totale perdita di tempo. C'è da tenere a mente il tempo. La passeggiata si fa la sera, intorno alle sette o le otto, quando i negozi sono ancora aperti e la città è viva. Tutto l'anno. In Scozia a quell'ora il centro è deserto, specie in inverno. La maggior parte della gente torna a casa dal lavoro, accende il riscaldamento e non pensa proprio ad uscire di nuovo. Al massimo si va al supermarket sotto casa e si torna più in fretta possibile. Tutto ciò a testa bassa, sperando di non incontrare nessuno che conosci.

Invece in Italia vai in giro per il centro per più di un'ora e spesso e volentieri incontri amici e conoscenti. Dopo qualche mese di residenza in Sardegna, ho capito che Cagliari dopotutto è una città piccola. *"Oh, lo conosci, è il cugino del figlio del barbiere, lo sai, quello che ha la sorella sposata con quel tizio con cui giochi a calcio"*, disse una volta Stefania. "Eh? Puoi ripetere?" Non è molto diverso dal vivere a Kilmarnock, il mio paese in Scozia, dove conosco quasi tutti.

Comunque, l'altra ragione per cui mi piace la passeggiata è perché di solito è accompagnata da una sosta alla pizzeria. Non intendo dire che ci si siede e si mangia un'intera pizza tonda, ma si compra una pizza al taglio (o da passeggio, appunto), al volo e si continua a camminare gustando questa delizia appena sfornata. Le adoro. Le puoi avere come vuoi (nei limiti della ragione: non sbandierare il tuo status di straniero ordinandone una con prosciutto cotto e ananas, pena la fustigazione). I gusti più comuni sono ovviamente margherita, napoletana, würstel e cipolle e salsiccia. Si dovrebbe mangiarne una sola, visto che tra poco si cenerà, ma di solito la finisco a mangiarne due o tre... o anche quattro. Sapete, tanto per provarle.

A Cagliari, la passeggiata si fa soprattutto in via Garibaldi e via Manno, le strade pedonali del centro storico dove, tra le altre cose, si trovano le molto apprezzate e costose boutique. Stefania una volta mi ha detto, ma vi avviso di nuovo che tende all'esagerazione, che i negozi di alta moda aprono a Cagliari subito dopo Milano e Roma, almeno questo era il caso una decina di anni fa. A quanto pare a Cagliari girano un po' di soldi. Ma non si direbbe a guardare certe parti della città (ma forse solo per via dei graffiti).

CAPITOLO DICIANNOVE

Carnevale

È virtualmente impossibile vivere qui e non notare quando è Carnevale. Il Carnevale comincia dopo l'Epifania, dura fino al Mercoledì delle Ceneri, e la festa culmina di Giovedì Grasso (il giovedì prima del Mercoledì delle Ceneri) e di Martedì Grasso (proprio il giorno prima del Mercoledì delle Ceneri), e il fine settimana che c'è in mezzo.

Lo adoro. Non ne ho avuto esperienza da bambino e, in un certo senso, mi sento come se avessi perso qualcosa. Non sono abituato a festeggiare in questo periodo dell'anno, quindi lo vivo come una boccata d'aria fresca nei giorni cupi di gennaio e febbraio in cui uno cerca di scrollarsi di dosso il blues post-festivo. L'intera storia del Carnevale non fa proprio parte della cultura anglosassone (a meno che negli ultimi anni non ci sia stato qualche cambiamento drastico). E questo è un errore secondo me.

Mi ricordo una strana conversazione con Marcello, amico di Stefania, una delle prime volte che venivo in visita. Marcello parlava un buon inglese e insisteva perché parlassimo in inglese anche se stavo imparando l'italiano e mi sarebbe piaciuto praticarlo. Comunque, per amor di pace, ci parlavo nella mia lingua, e la conversazione, qui tradotta, andò più o meno così:

Marcello: " *Cosa fate in Scozia a Carnevale?* "

Io: *"Beh, praticamente niente"*

Marcello: *"In che senso non fate niente?"* [tono vagamente incredulo e aggressivo].

Io: *"Beh, abbiamo il Pancake Tuesday"*

Marcello: *"Oh, cos'è? Come il nostro Martedì Grasso* "

Io: *"Eh, più o meno. Fondamentalmente stiamo a casa e mangiamo i pancake per cena.*

Marcello: *"Sembra bello* [chiaramente pensando che fosse proprio un'usanza di merda]. *E vi travestite?"*

Io: *"No"*

Marcello: *"Ah. E che altro fate?"*

Io: *"beh, in realtà quello che ti ho detto e basta"*

Marcello: *"E quando lo fate? Succede spesso tra Capodanno e Mercoledì delle Ceneri?"*

Io: *"Mercoledì cosa? No, no. Lo facciamo solo il Pancake Tuesday. In realtà, se sei uno snob o un Joe Bloggs* [l'equivalente del Signor Mario Rossi] *che prova a fare la persona chic, lo chiami Shrove Tuesday. Ma la maggior parte lo chiama Pancake Tuesday.*
Marcello: *"Chi è Joe Bloggs? Un cantante?"*
Io: *"Lascia stare"*

In realtà, a questo punto decisi di abbellire un po' il Pancake Tuesday e parlarne come se fosse il fiore all'occhiello del calendario scozzese, con uomini in kilt, musica e balli, discorsi e poesie. E fiumi di whisky. Magari anche un paio di fuochi d'artificio la sera. Stavo descrivendo praticamente la festa della Burns Night (il 25 gennaio quando noi scozzesi festeggiamo il compleanno del poeta conosciuto in tutto il mondo: Rabbie Burns), che non c'entra niente col carnevale, ma solo perché mi stava facendo uscire dai gangheri e non volevo che la discussione finisse con lui che pensava che avessimo delle feste del cavolo. L'ho fatto anche se ero consapevole di aver un po' decorato la verità. Insomma, dissi un mucchio di balle.

Ora non vediamo Marcello molto spesso. Probabilmente sta andando in giro per Cagliari a dire a chiunque abbia voglia di ascoltarlo (mi sa non tantissimi) che la Scozia è un paese strepitoso e che, tra tutti i suoi pregi, ha un Carnevale eccezionale.

Ovviamente al posto del Carnevale, abbiamo Halloween. La nostra occasione per travestirci. L'unica (grossa) differenza è che Halloween dura un giorno e non un mese. In realtà adesso Halloween si sta insinuando nella cultura italiana. L'unica cosa è che hanno preso il lato spettrale e macabro di questo giorno. Quindi i ragazzini si vestono da vampiri, streghe, fantasmi e tanti altri personaggi raccapriccianti.

Questa è un'altra differenza culturale perché, per noi scozzesi, Halloween non è (solo) una festa macabra. Ad Halloween ci si veste come si vuole, in realtà un po' come carnevale. Ad Halloween in Scozia ti puoi vestire da personaggio dei cartoni, principessa Disney, marinaio, pirata, qualunque cosa.

Ho ancora ricordi vividi di quando mi sono vestito da cubo di Rubik (d'altronde eravamo negli anni '80). Era un costume fatto in casa, come la maggior parte a quel tempo. Praticamente era uno scatolone con un buco al centro così potevo entrarci dentro, ed era colorato in modo da sembrare proprio un policromatico cubo di Rubik. Era bello e istigava un sacco di commenti positivi in ogni casa a cui bussavamo. Geniale. Ero felice come una pasqua. Pensavo che sarei stato sulla bocca di tutti per il mio costume originale e innovativo. Il mio miglior Halloween.

Tutto ciò prima che cominciasse a piovere. Tutta la vernice cominciò a sbiadire e io ad assomigliare a un cubo col trucco sbavato. Fu orribile. Una delle mamme delle case a cui bussavamo per fare "dolcetto o scherzetto" si impietosì e pensò di coprirmi con un grande sacco di plastica, quelli che si usano per la spazzatura. Le cose peggiorarono drammaticamente. Ero umiliato e offeso. Sembravo un sacco dell'immondezza quadrato anziché un ingegnoso e creativo cubo di Rubik. Adesso ero davvero sulla bocca di tutti, ma non per le ragioni che volevo io. Non sono più lo stesso da allora.

In Italia per Carnevale, i bambini (e la maggior parte degli adulti, c'è da dire) si vestono con costumi di ogni tipo e di ogni colore tra i più sgargianti: dai pagliacci alle principesse Disney, dalle streghe alle suore (e questo solo gli uomini). È luminoso, colorato ed è divertente. Ci sono musica, balli, e un sacco di cibo.

Il piatto forte del Carnevale sono i dolci che lo accompagnano. Le più famose sono le zeppole, o frittelle, che a me sembrano esattamente la stessa cosa tranne che per la forma, e sono spaventosamente simili ai nostri doughnuts in Scozia (ma forse più buone se devo essere sincero). Le pasticcerie e i bar ti attirano annunciando con cartelli nelle vetrine che stasera ci saranno zeppole. Questi cartelli spopolano in questo periodo. Mi ricordo l'eccitazione della mia prima visita in Sardegna, quando, appena dopo l'Epifania, i bar cominciarono ad appendere tali segnali e si poteva toccare con mano il livello di aspettativa ed emozione. Prendono i loro dolci seriamente, qua in Sardegna. Per me, comunque, le zeppole migliori sono quelle fatte in casa, dal momento che spesso hanno una piccola aggiunta: un goccetto (o a volte di più) di grappa o acquavite, che dà loro un gusto extra. Stefania è particolarmente brava a fare le zeppole all'acquavite (tra tante altre cose, devo aggiungere).

Gli altri dolci tipici di questo periodo sono le chiacchiere, a volte chiamate anche "bugie", a seconda della regione. Mi piace che il nome cambi dall'innocente "chiacchiere" a "bugie". Comunque, sono abbastanza semplici da preparare, ma sorprendentemente deliziose. Sono molto meno pesanti delle zeppole, ma non meno buone.

Ho perso il conto del numero di feste ed eventi che si organizzano a Carnevale. I bambini si sono travestiti diverse volte nelle ultime settimane. Sembra che dobbiamo vestirli ogni volta che usciamo.

"Dai, andiamo dal medico, hai un brutto raffreddore",

"un momento, papà, devo mettermi il costume da Olaf".

Beh, non è andata proprio così, ma siamo lì. Siamo andati a una festa di Carnevale a scuola, una in chiesa, una alla palestra della squadra di pallacanestro (in cui giocano Luca e Anna), un'altra a casa di un amico dei bambini che festeggiava il compleanno, e voleva dare una festa in maschera. E così via.

Domenica abbiamo preso parte alla sfilata di Carnevale che ha luogo nel centro storico di

Cagliari (un'altra opportunità di travestimento). Gli adulti vestiti in maschera erano tanti quanto i bambini. C'era la banda, Ape piaggio allestite a carri allegorici, e un sacco di canti e cori. Puro caos. A quanto pare, la migliore sfilata di Carnevale in Sardegna è a Oristano, e si chiama *Sa Sartiglia,* in cui, tra tutte le altre cose, hanno una gara medievale in cui dei cavalieri devono prendere con la spada un piccolo anello a forma di stella che pende da una corda, cavalcando a tutta velocità. Fanno anche acrobazie sui cavalli e, messo da parte lo spettacolo, è molto pericoloso e negli ultimi anni ci sono stati diversi feriti e anche qualche morto.

Un altro aspetto del Carnevale sono i coriandoli e le stelle filanti. Vengono lanciati dappertutto: dentro, fuori, nelle case, nelle scuole, per strada, in macchina. Sì, dappertutto. I coriandoli sono il peggio del peggio. Migliaia e migliaia di minuscoli pezzetti di carta colorata che riescono sempre a entrarti nei vestiti. Torni a casa la sera e mentre ti spogli la stanza si trasforma in una mostra d'arte contemporanea. Continui a trovarti i coriandoli per casa per mesi, dietro le credenze, nelle crepe e altre insenature.

Comunque, sto un po' divagando. Il punto a cui volevo arrivare è che, per me, Halloween in Scozia riguarda il vestirsi come si vuole, come il Carnevale qui. L'unica cosa è che Halloween si sta infiltrando nella cultura italiana, mentre il Carnevale non in quella scozzese. Comunque, come già detto, l'Halloween italiano si concentra più sulla parte macabra piuttosto che sul vestirsi come vuoi tu. Mi ci sono voluti un paio d'anni per capirlo.

Dopo un anno o due che ci eravamo trasferiti, mi chiesero di vestire Finn per la festa di Halloween al suo asilo. Aveva solo diciotto mesi, ma tutti i bambini della scuola sarebbero venuti travestiti, quindi dovevo inventarmi qualcosa. Avevamo ancora un costume da Super Mario di uno degli Halloween di Luca trascorsi in Scozia. Perfetto, pensai.

Errore. Quando portammo il giovanotto all'asilo, la stanza era piena di fantasmi, vampiri, mostri, streghe e così via. E c'era il piccolo Super Mario in mezzo a tutti loro con il suo cappello rosso e tuta blu. Fantastico. Le maestre mi guardarono sbigottite. Non dissero niente ma era ovvio che per loro qualcosa non andava. Ma quando sei uno scozzese in Sardegna, puoi passarla liscia per un sacco di cose semplicemente liquidando la situazione con "differenza culturale". In quell'occasione era certamente una questione di differenza culturale. Spero solo che a Finn non vengano gli stessi incubi che ho avuto io quando mi son ritrovato vestito da immondizia.

CAPITOLO VENTI

Papà, pappa e il papa

Direi che adesso parlo abbastanza bene l'italiano. Magari non è una gran conquista, visto e considerato che vivo qui da molti anni, ma mi soddisfa lo stesso capire gli altri e farmi capire. Tuttavia, nonostante la mia discreta padronanza della lingua, mi imbatto ancora in situazioni in cui non capisco bene quello che mi si dice. Ciò sia per via di frasi idiomatiche che per l'uso di parole che mi sembrano uguali ma che hanno significato completamente diverso, o anche per via dell'uso residuo di alcune parole in sardo infiltrate nella lingua italiana di cui non ho nessuna conoscenza.

Sto lentamente imparando alcuni modi di dire che si usano nelle conversazioni di tutti i giorni. Un esempio può essere *"mettersi nei panni degli altri"*, che ha lo stesso significato del nostro *"putting yourself in someone else's shoes"*, anche se infilarsi nei vestiti altrui piuttosto che nelle scarpe potrebbe essere visto come vagamente più intrusivo.

Un'altra che mi piace è *"portare a cavalluccio"*, ma in Scozia usiamo un'altra espressione *"giving a piggy back ride"*, che vuol dire vai sopra la schiena di un maiale. Devo ammettere che in italiano ha molto più senso che l'animale in questione è un cavallo e non un maiale. Perché noi usiamo un'espressione che significa cavalcare un maiale piuttosto che un cavallo? Chi lo sa? (Se siete interessati, la risposta è la seguente: i maiali non c'entrano niente, è la pronuncia sbagliata della parola medievale "pick back" o "pick pack", che significava trasportare un pacco sulla schiena).

L'uso delle frasi idiomatiche, e non solo, nel mio caso, porta ad alcuni fraintendimenti. Proprio l'altro giorno la mamma di un'amica di Anna, Renata, mi stava spiegando la strana planimetria di Monserrato, il sobborgo di Cagliari dove viviamo. Praticamente, avevo notato che una parte della strada è indicata come parte di Monserrato, l'altra come parte di Selargius, la "città" a fianco. Questa storia mi intrigava.

Ho chiesto a Renata, che pare sapere tutto della zona. *"Qualcuno ha perso giocando a carte"* ha risposto. Ero ultra-convinto che mi avesse risposto con un modo di dire, qualcosa che intendeva qualcos'altro, ma non avevo idea cosa, quindi le ho chiesto spiegazioni. *"No"*, ha insistito *"volevo dire proprio quello che ho detto. Circa cinquant'anni fa qualcuno del comune di Monserrato ha scommesso quel pezzo di terra giocando a carte contro uno del comune di Selargius e ha perso. Per questo oggi la strada è divisa in due"*. Sono rimasto lì esterrefatto, guardandola con faccia da pesce lesso. *"Ah, ho capito"* son finalmente riuscito a dire, dopo un po' *"questo spiega tutto"*.

Un altro grosso problema è la pronuncia corretta di alcune parole che suonano simili tra loro. Un esempio è "papà", "pappa", e "papa". Non colgo bene le sfumature, quindi rimango perplesso quando sento una mamma dire al bambino di mangiarsi il padre. È tutta questione d'intonazione, cosa che gli italiani dicono essere completamente chiara e per niente ambigua, ma per i non madrelingua come me è meno ovvio.

Perciò spesso mi imbatto in litigi privi di senso con Stefania quando prova a correggermi la pronuncia. Praticamente ripete esattamente quello che ho detto io. Quindi rimbecco *"sì, lo so. Ho detto* [inserire parola in italiano]", e lei ripete *"no, hai detto* [parola], *ma si dice* [parola]", quando ha detto **esattamente** due cose identiche. La discussione di solito va avanti per diversi minuti in un circolo vizioso.

Oltre al dover imparare le sottigliezze della pronuncia, il non-madrelingua deve imparare alcuni altri aspetti della lingua e della cultura italiana. La mia cara mamma mi ha detto che adesso parlo gesticolando, cosa che non avevo mai fatto. Mi sa che lo faccio per integrarmi, ma senza rendermene conto. Non è una leggenda: tutti gesticolano quando parlano. L'altro giorno ero in macchina e ho visto un tale che parlava al telefono. Nessuno, per quanto ne sapeva lui, lo stava guardando, ma sembrava stesse dirigendo un'orchestra. Mi sono chiesto: ma per chi sta gesticolando? Dev'essere la forza dell'abitudine.

Un'altra cosa che fanno qui, e che trovo piuttosto irritante, è il ripetere *"ciao"* diverse volte quando ci si congeda. Quest'abitudine raggiunge l'apice del drammatico al telefono. Una volta non è abbastanza. La norma è di almeno tre, quattro, se non cinque volte. Fondamentalmente devi dire *"ciao ciao ciao ciao ciao"* come se stessi imitando un treno. Mi faccio venire i brividi da solo, ma ho adottato anch'io questa abitudine, così la gente non pensa che sia maleducato e che li voglia liquidare in fretta.

Un aspetto enormemente significativo della lingua, problema per i non-madrelingua quanto per la madrelingua è quando dare del "tu" e quando dare del "lei". La questione della formalità non è propria solo della lingua italiana, ovviamente, ma la questione "tu/lei" mi mette in croce ogni giorno. A grandi linee si usa il "tu" quando conosci bene il tuo interlocutore, o quando è più piccolo di te (quanto più piccolo però non è specificato). Se hanno solo uno o due anni in meno, allora probabilmente è meglio usare il "lei". Ovviamente ciò porta ad indovinare l'età, il che può finire in tragedia.

Cosa che confonde ancora di più noi stranieri è che non ci si rivolge formalmente con la seconda persona plurale "voi", come in molte altre lingue, ma, appunto, con "lei". Potete immaginare i risultati confusionari e sconcertanti che ne vengono fuori quando hai iniziato a studiare l'italiano da poco.

Ad esempio, una volta un barista mi ha chiesto *"cosa vorrebbe LEI da bere?"*. Mi sono girato verso Stefania e le ho chiesto *"cosa gradisci?"*, quando la domanda era per me. La stessa scena si è ripetuta diverse volte, ma adesso bene o male mi sto abituando. Ora sono abbastanza bravo a capire quando le domande sono rivolte a me e non a una donna misteriosa. Mi ci sono voluti circa due anni.

Un altro episodio che illustra l'uso bizzarro del doppio significato di "lei" è successo in un cortile scolastico pieno di genitori. Prima che cominci a raccontare gli eventi del giorno dovrei aggiungere che gli italiani (forse sto generalizzando, magari solo i sardi) hanno l'abitudine di urlarti addosso quando raccontano una storia in cui si sono arrabbiati con qualcun altro. Sapete quello che voglio dire? Ad esempio, se sono stati protagonisti di una scena tortuosa alle poste in cui l'impiegato li ha esasperati, ti recitano la storia come se l'impiegato in questione fossi TU, e si sfogano con te come se fosse colpa tua. Non so perché, ma lo fanno.

Comunque, mentre aspettavo che Anna uscisse da scuola, il nonno della sua migliore amica (che conosco abbastanza bene) arrivò trafelato e adirato, e diresse dritto verso di me a raccontarmi cos'era successo: la figlia l'aveva chiamato all'ultimo minuto per chiedergli di prendere la bambina a scuola. Ma il problema era che stava urlando in faccia a me, usando il "lei". Si riferiva a lei la figlia, ma poteva benissimo essere interpretato come un "lei" formale. Quindi una folla di genitori curiosi ci guardava mentre lui sbraitava: *"non ci credo, l'ha fatto di nuovo. Mi chiama all'ultimo minuto per prendere sua figlia da scuola, non può organizzarsi meglio e farlo per conto suo? Ma che problemi ha?!"*. Quindi, capite bene che questo "doppio uso" può disorientare.

Ogni sabato mattina vado al mercato Coldiretti a Monserrato. I prodotti freschi, locali (a km0, ovviamente) sono incredibili e adoro l'atmosfera che si respira. Ho instaurato un rapporto di amicizia con la signora che vende formaggio fresco: la ricotta di Maria è la più buona e cremosa che abbia mai assaggiato. Adesso non riesco a comprarla più da nessun'altra parte. Come ha detto un altro cliente, dopo che assaggi la ricotta di Maria, quella del supermercato sa di polistirolo. Comunque, dopo alcuni mesi, Maria d'improvviso cominciò a darmi del "tu". Ha più o meno la mia età, al massimo cinque anni di più. Mi ritrovai in un dilemma di carattere morale. Avrei dovuto darle del "tu" anch'io, o si aspettava che continuassi col "lei", dal momento che ha qualche anno più di me? Per settimane aggirai il problema chiacchierando mediante espressioni generali, senza rivolgermi a lei direttamente (esempio: "come va" al posto di "come stai"), ma arrivai a un punto in cui questa mancanza di naturalezza mi stava logorando e decisi di chiedere consiglio a Stefania, illustrandole il mio disagio e l'ansia che mi provocava questo dilemma sociale. Mia moglie alzò le spalle: *"Ma che stai dicendo? Ma dalle del tu e vai avanti con la tua vita. Per Dio"*. Problema risolto. Mi sa che mi preoccupo più del dovuto.

Ma è sempre una cosa strana, specie per uno straniero come me che non ha mai dovuto confrontarsi con il suo ruolo nel sistema codificato dei gruppi sociali. La nostra famiglia allargata ora si ritrova in situazioni bizzarre in cui Flavio dà del "lei" ai suoceri (mi sa anche giustamente) mentre io mi rivolgo alle stesse persone dando loro del "tu".

Il motivo di ciò risale alla mia prima visita, quando ancora parlavo molto male l'italiano e mi venne concesso (dopo svariate trattative con Stefania) di dare del "tu" ai miei futuri suoceri, dal momento ché sarebbe stato molto più facile per me. Dopo sposati sarebbe sembrato un po' strano tornare al "lei", sebbene il mio italiano fosse migliorato, quindi rimanemmo al "tu".

È abbastanza normale trovarsi in una situazione in cui conosci qualcuno più o meno intimamente ma continui a dargli del "lei" (i miei colleghi all'università di Cagliari, ad esempio), quanto è normale che qualcuno incontrato una volta sola, ad esempio un commesso, ti dia del "tu". Dopo alcuni mesi nel nostro primo appartamento, a Stefania sembrò giusto suggerire ai Signori Rossi di passare al "tu", e chiamarci per nome. La signora accettò immediatamente, ma Stefania notò una certa riluttanza da parte del marito. Pareva che si sentisse vagamente a disagio. Non perché non gli piacessimo. Al contrario, era sempre molto amichevole e si potrebbe dire anche "informale" nel modo di fare. Ma, come spiegò in un altro momento, mesi dopo, non dava del "tu" neanche ai suoi genitori. Va da sé che ci sentimmo onorati quando cominciò a chiamarci per nome.

Un'altra cosa che mi porta all'esasperazione è che qui dicono "e niente" prima di dire qualcosa di abbastanza importante. Credevo fosse un'abitudine esclusivamente sarda, ma l'altro giorno ascoltavo un programma alla radio in cui gli ascoltatori telefonano per raccontare degli episodi comici che gli sono successi di recente (il programma è "Il Ruggito del Coniglio", su Radio2). Comunque, questo tizio ha chiamato e ha iniziato a raccontare con *"e niente, allora è successo che…"*

Non so perché, ma ho perso la pazienza. Mi sono ritrovato a gridare contro l'autoradio *"MA PORCA MISERIA, SE NON È NIENTE ALLORA PERCHÉ CAVOLO TI SEI DISTURBATO A TELEFONARE IN RADIO, CIALTRONE*

IGNORANTE? SE NON È NIENTE PERCHÉ CI FAI ASCOLTARE LA TUA STORIELLA INSIGNIFICANTE DEL CACCHIO?!". Fortunatamente ero da solo in macchina. In realtà, se ci ripenso, ero probabilmente stressato perché stavo per entrare in una rotonda.

Per spezzare una lancia a favore degli italiani, hanno anche parole bellissime che sintetizzano concetti che in inglese si esprimono con un lungo giro di parole. Un esempio è *"figurati"* dopo che qualcuno ringrazia. Noi in Scozia non abbiamo un equivalente diretto. Per quanto ho capito, il significato di queste otto lettere esprime tutto ciò che segue: "Non ti preoccupare, è stato in realtà un piacere e sono contento di esserti stato di aiuto". Diciassette parole per una. Non male, eh?

Una cosa che si nota dopo alcuni anni di vita qui, è la proliferazione di parole inglesi nella lingua italiana. Ci sono molte parole inglesi nei dizionari italiani. Alcune che sento in continuazione sono: okay, shopping, computer, privacy, charm, break, business, hotel, poster, snack, ticket, weekend, pizza, panini, antipasto, spaghetti, pesto, lasagne, cappuccino, pasta. Oh, aspetta un attimo. Le ultime otto sono effettivamente parole italiane che si usano in inglese. Magari sto zitto.

Comunque, sembrano immuni all'uso di insulti in lingua inglese. Ci sono volgarità anglofone scritte dappertutto, specialmente sui vestiti, non so perché. Una mia cara amica, Laura, ha una t-shirt con su scritto DON'T TOUCH MY

FUCKING BAG. Insiste che è un regalo e non esce mai con quella maglietta addosso, ma mi ha fatto l'onore di mostrarmi questo indumento di raro cattivo gusto. Magari sono io quello all'antica, ma dai, è troppo.

Stefania si ricorda di quando faceva danza da adolescente, lei e gli altri ballavano "Bad" di Michael Jackson e si vestivano da "ragazzi di strada", con FUCK YOU stampato su magliette e shorts. Se ci ripensa ora non sa come hanno fatto a passarla liscia, ma probabilmente quando non si tratta della tua lingua madre, quelle scritte non sembrano poi così offensive. Beh, è una scusa accettabile. Ma francamente io rimango scioccato. Fottutamente offeso, a dirla tutta.

CAPITOLO VENTUNO

Baci

Oltre alla lotta con la lingua, uno straniero in Sardegna deve imparare alcune usanze basilari presenti nella vita di tutti i giorni. Per esempio, è costume dare due baci quando si incontra qualcuno per strada. È ovvio, non baci chiunque conosci (volendo si può, ma gli altri potrebbero cominciare a cambiare strada quando ti vedono da lontano), quindi c'è molto da prendere in considerazione su chi e in quali circostanze baci qualcuno.

La prima cosa da considerare è quanto bene conosci la persona. Ma ciò non significa affatto che baci chiunque a cui dai del "tu", e che non baci mai quelli a cui dai del "lei". È piuttosto comune baciare le persone a cui dai del "lei" e non farlo con quelli a cui dai del "tu". Capite perché vado in tilt?

Qui si baciano molto di più rispetto a noi in Scozia. Un giorno ho visto un tizio scendere dalla macchina al semaforo (che per fortuna era rosso) per scambiarsi i baci con un gruppo di amici che erano dentro una macchina a fianco. L'ho solo guardato allibito mentre il verde scattava e i clacson cominciavano a suonare. Lui è ritornato in macchina con nonchalance, come se non gliene potesse fregare di meno del disagio da lui causato. Infatti, all'intensificarsi delle strombazzate, ha pure fatto un gestaccio e gridato qualcosa di offensivo come a esprimere "ma che cavolo volete? È ovvio che i miei baci son più importanti".

Almeno in Italia, la routine del saluto più "intimo" è sempre la stessa: un bacio per guancia. È lo stesso per gli uomini che salutano le donne, le donne che salutano altre donne, e anche gli uomini che salutano altri uomini. E qui nasce il problema per uno scozzese, che consiste nella impossibilità geneticamente innata di uno scozzese di genere maschile di baciare un altro uomo a meno che non sia parte di un atto chiaramente omossessuale. Devo sottolineare che non mi causa nessun problema. Non sono né omofobo né segretamente gay, per cui lo accetto di buon grado come parte della cultura locale. Baciare sulla guancia gli altri uomini è ormai parte della mia routine in un modo che non avrei neanche potuto immaginare se me l'avessero detto vent'anni fa.

Come ho detto, non ho problemi. Se sia lo stesso per i miei amici su in Scozia, è tutto un altro discorso. Ho sempre considerato la fissazione con l'omosessualità uno strano anacronismo tipico dell'ovest della Scozia, che, almeno per la mia esperienza, non dà segni di cedimento. Per esempio, se sei al pub e ordini una coca-cola o un bicchiere di vino, sei immediatamente bollato come omosessuale o, per usare il vernacolo locale, un culo allegro[5].

Ricordo ancora vividamente la reazione di cui fui vittima un'estate di quasi vent'anni fa, quando annunciai ai miei amici al pub che ero andato con Stefania a vedere l'interpretazione di Sogno di una Notte di Mezz'Estate della compagnia del Bolshoi. La risposta alla notizia, probabilmente poco sorprendentemente, fu mettere immediatamente in discussione la mia sessualità. Mi ricordo che pensai quanto fosse strano venir descritto come omosessuale dopo esser andato a vedere il balletto con la propria fidanzata, ma così andò.

Qui non sembra facciano la stessa associazione. Puoi andare tranquillamente a teatro, al balletto,

---

[5] Mi scuso di cuore con chiunque risulti offeso da questo termine. Non intende offendere, ma sottolineare l'attitudine crassa e francamente ignorante che è ancora presente nell'ovest della Scozia verso gli omosessuali, il cui orientamento è oggetto di scherno. Prendo le distanze da tale pratica.

all'opera, anche in un museo, e nessuno parlerà del tuo orientamento sessuale. È molto liberatorio, in verità.

Un'altra cosa che dicono qui e che non potrei mai immaginare che accada in Scozia e che i maschi si salutano tra loro con "Ciao bello", e non è mai detto con sarcasmo o ironia, ma solo come un modo caloroso di salutare una persona a cui sei affezionato. Che ci crediate o no, me l'hanno detto centinaia di volte.

I miei cari amici scozzesi mi hanno chiamato in tanti modi diversi, ma mai con l'equivalente di "bello", in tutti gli anni in cui ci ho vissuto. Ora, so che quelli che mi hanno visto di persona penseranno che sia per ovvie ragioni, ma il "ciao bello" è qualcosa che va oltre l'estetica. Non ci si chiama "beautiful" tra uomini in Scozia perché le ripercussioni sarebbero troppo pesanti: oltre alla paura di venir chiamato "culo allegro" (di nuovo, scusate il termine), "bello" non sarebbe accolto troppo bene da chi lo riceve. In realtà, c'è il rischio che la persona in questione non ti guardi più allo stesso modo. Puoi benissimo considerare finita la vostra amicizia.

L'altra notte stavo portando fuori la spazzatura. Un vicino con cui ho un rapporto abbastanza amichevole stava facendo la stessa cosa. Il suo nome è Omero, spesso chiacchieriamo. È del nord Italia e spesso scherziamo sul fatto che noi, in quanto nordici, facciamo fatica a convivere col clima secco mediterraneo, mentre rimembriamo con nostalgia i tanti giorni felici chiusi in casa ad aspettare che spiovesse. Omero è un vicino, non lo conosco benissimo, ma andiamo d'accordo.

Comunque, mi ha visto che mi avvicinavo ai bidoni e ha esclamato *"ciao bello!"*. Notando che era lui, ho risposto *"ciao amore!"* quando in realtà volevo dire *"ciao Omero"*. Quello che mi ha sorpreso è che Omero non ha battuto ciglio. Ha riso e ha proseguito la conversazione come se niente fosse. Se un incidente del genere fosse successo in Scozia, si sarebbe immediatamente aperta un'indagine e minacciata l'aspettativa di vita dell'amicizia.

L'estate scorsa ho finalmente ceduto alle pressioni di tutti gli uomini di mezz'età intorno a me e ho comprato una borsa da uomo. Una piccola, di quelle in cui ci stanno solo portafoglio, telefono e chiavi. Te la metti in spalla proprio come una donna porterebbe la sua borsa ed è, a conti fatti, molto pratica e utile. Specialmente d'estate (ma anche in primavera e autunno), quando fa troppo caldo per uscire con una giacca munita di tasche. Quindi, dove mettere le chiavi e il resto? Ecco l'utilità della borsa da uomo.

Ovviamente, devo dire, la mia borsa rimane in Sardegna. Non ci penso proprio a portarla con me in Scozia. Non solo perché il clima richiede effettivamente una giacca, ma non vorrei MAI E POI MAI essere visto con un accessorio del genere. Equivarrebbe ad una rottura di coglioni senza sosta. Già mi immagino la scena entrando al pub:

"Ehi, Fraser, dove gli hai lasciati i tacchi e il rossetto per uscire con la tua bella borsetta da checca, eh, culo allegro?". Triste realtà.

Non fraintendetemi. Non sto dicendo che qui siano di mente più aperta e liberali nei confronti dell'omosessualità. Tutto il contrario, in realtà. La Scozia è piuttosto avanti in proposito, ciò è stato chiaramente dimostrato alla cerimonia d'apertura dei Commonwealth Games del 2014 a Glasgow, occasione in cui abbiamo fatto di tutto per far capire che eravamo un paese civile e liberale in materia di unioni civili e relazioni tra persone dello stesso sesso. La situazione qui è piuttosto diversa, ed è probabile che sia così per via dell'influenza che la chiesa cattolica esercita.

Mi ricordo di aver orecchiato una conversazione tra due signore in un negozio vicino casa. Erano ben vestite e di cultura (ascoltando ho capito che una era un'insegnante). Stavano parlando di un ragazzo di loro conoscenza, che per disgrazia (secondo loro) aveva dichiarato la sua omosessualità: imbarazzante per la famiglia, orribile per i genitori. Non credevo alle mie orecchie. Sembrava mi avessero rapito e portato negli anni 1920. Comunque, come ho già detto in un altro capitolo, qui i valori e i costumi sono generalmente più tradizionalisti. A volte può essere positivo, altre no.

Invece ciò di cui sto parlando è che l'omosessualità non è usata in modo dispregiativo in Italia. Qui non ti mortificano se vai a vedere il balletto, o se vuoi ordinare un coca cola (o un chinotto – o quello che preferisci) al bar. Il che, nonostante la generalmente negativa attitudine verso l'omosessualità, è già qualcosa. Il punto è che qui posso usare il mio borsello in pace.

CAPITOLO VENTIDUE

Montalbano sono

Trasferirsi in un nuovo paese significa essere esposti a tutti gli aspetti della cultura locale, e ciò comprende anche la televisione. Quando dico ad amici e parenti in Scozia che ci sono un sacco di programmi che mi piacciono, mi guardano come se fossi un deficiente. Per qualche motivo, molte persone all'estero sono convinti che la televisione italiana sia piena di ragazze seminude che zampettano per gli studi dove si svolgono i quiz a premi. La verità è che, sfortunatamente, c'è anche questo, ma tali programmi sono solitamente sulle reti di Silvio Berlusconi, Canale 5, Italia 1 e Rete 4, che noi non guardiamo, sottolineo. Come Berlusconi, ex presidente del consiglio e figura chiave del panorama politico italiano per più di venticinque anni possa anche possedere tre delle maggiori reti televisive non sarà un argomento discusso nel libro. Accettiamolo come ridicolo e andiamo avanti.

Oltre a tutto il ciarpame trasmesso da Canale 5 e Italia 1, c'è anche un sacco di TV di qualità: documentari, dibattiti politici, programmi di intrattenimento decenti, e la maggior parte vanno in onda sulla tv di stato, ovvero Rai Uno, Rai Due, Rai Tre, e anche sul canale indipendente La 7.

Il mio programma italiano preferito, e in verità il mio programma preferito di tutti i tempi, è *Il Commissario Montalbano*. Ne venni a conoscenza per la prima volta nel 2000, quando veniva trasmesso su Rai Uno, mentre ero in vacanza in Sardegna. Me ne sono innamorato subito. Ci facemmo perfino montare una parabola satellitare su a Edimburgo per seguire le vicende di Montalbano da lontano.

I polizieschi mi sono sempre piaciuti, da quando ero piccolo. Programmi come *The Sweeney, The Professionals, Morse, Frost* e *Rebus*, giusto per menzionarne alcuni. Ma *Montalbano* è tutta un'altra cosa. Secondo me, almeno.

Per prima cosa è ambientato in Sicilia, e le location sono fenomenali. Il piccolo villaggio costiero dove vive Montalbano, e dove regolarmente mangia le sue prelibatezze di pesce alla trattoria locale sembra nientemeno che straordinario[6]. Così come il suo appartamento, proprio davanti al mare, dove nuota ogni mattina. La storia è superba, basata sui romanzi dello scrittore di grande talento Andrea Camilleri (che purtroppo se n'è andato all'età di 93 anni mentre finivo di scrivere questo libro).

La recitazione non è seconda a nulla e nessuno, non solo quella dell'attore protagonista Luca Zingaretti, che è uno dei migliori attori in circolazione (abbiamo avuto l'onore di vederlo dal vivo a Cagliari alcuni anni fa), ma anche quelle dei co-protagonisti (Mimi, Catarella e Fazio, i fan di Montalbano sanno di che parlo) e di tutte le comparse (che sono tutte persone del luogo). E, ultimo ma non meno importante, la bellissima e inquietante colonna sonora. Devo aggiungere altro? Ne dubito. Evidentemente non sono l'unico scozzese a pensarla così, in quanto già da diversi anni *Il Commissario Montalbano* è presente anche sugli schermi britannici il che è una rarità per una produzione italiana. Direi che è conosciuto come un programma cult in Scozia.

---

[6] Se per caso vi trovate a Cagliari e volete mangiare come Montalbano, raccomando che andiate allo *Zenit* o al *Non Solo Mare*, a Giorgino, villaggio di pescatori a qualche chilometro da Cagliari. Ma prenotate in anticipo. Sono dei ristoranti più gettonati della zona e scoprirete presto il perché. Sono sulla spiaggia, di fronte al mare e il cibo è da sogno.

L'ultima serie di Montalbano è cominciata lunedì su Rai Uno, ma tutti si preparavano già da settimane: c'erano spot in TV, alla radio, e ho anche visto dei cartelloni per strada che annunciavano il ritorno del detective più amato in Italia. L'eccitazione è innegabile. Fortunatamente la serie non ha deluso le mie aspettative. Non voglio pensare a cosa sarei stato capace di fare se fosse andata in modo diverso. Probabilmente il mio casino avrebbe scatenato le elezioni anticipate (non poi tanto rare, qua).

Una delle frasi cult del programma è quando il commissario risponde burbero al telefono *"Montalbano sono"*. Mi ricorda sempre di una storia di tanti anni fa, quando studiavo in Inghilterra. Condividevo l'appartamento con due irlandesi e Adriano, uno studente veneto che mi era stato presentato da Stefania. Andavamo tutti molto d'accordo e ridevamo un casino.

Adriano parlava un inglese decente, ma doveva ancora imparare alcuni aspetti linguistici. Alcuni di voi sapranno che in inglese, ad esempio quando si risponde al telefono, non si dice "I am" più il tuo nome, ma si usa "it's". Lui però questo ancora non lo sapeva, quindi rispondeva al telefono dicendo quello che in italiano potrebbe suonare con *"ciao, io sono Adriano"*, come se si presentasse ogni volta. I ragazzi irlandesi a sentirlo ridevano come se fosse la cosa più spassosa che avessero mai sentito in vita loro. Io al periodo stavo imparando l'italiano, sapevo esattamente perché diceva "Hello, I'm

Adriano", quindi soffocavo le mie risate e dicevo agli altri di smetterla di prendere in giro il nostro amico che stava ancora imparando.

Comunque, la cosa raggiunse un nuovo livello quando Adriano ci lasciò un biglietto attaccato alla porta per informarci che andava a casa per Natale e che ci saremmo rivisti a gennaio. *"Cari ragazzi"*, cominciava, *"io sono Adriano"*. Non riuscimmo ad andare oltre la prima riga. Gli irlandesi erano appena tornati dalla serata di bevute post-esami e persero completamente il controllo: tra le loro risate tipo ruggiti urlavano roba come *"Fraser, dacci una mano tu che sei uno psicologo! Che cavolo di problema ha questo qui? Perché ha bisogno di ribadire che esiste ogni giorno? Ha personalità multiple? È una spia? O soffre di perdite di memoria?"*. La cosa andò avanti una buona mezz'ora. Povero Adriano.

Un altro programma televisivo molto amato in Italia è *Don Matteo*, che va sempre in onda su Rai Uno. Parla di un prete che oltre a svolgere le funzioni ecclesiastiche nella sua parrocchia, investiga sui crimini della sua città. La serie, ambientata nella bellissima città di Gubbio, in Umbria, è centrata su Don Matteo che costantemente batte i carabinieri nella risoluzione dei sorprendentemente frequenti casi di omicidio che capitano in Umbria.

Quando ho iniziato a guardare *Don Matteo*, il programma era già alla sesta stagione e, devo confessare, tempo due episodi e mi sono appassionato. Ogni episodio ha lo stesso canovaccio, ma la caratterizzazione, e il rapporto tra i due personaggi principali, ovvero Don Matteo e il siciliano Maresciallo Cecchini, è fatto molto bene ed è divertente. Ogni episodio finisce con un messaggio a sfondo morale e religioso, a volte pure accompagnato da un versetto della Bibbia, e il pentimento dei cattivi a seguito dell'intervento divino di Don Matteo. Grandioso!

A volte mi viene da ridere, quando immagino come sarebbe se ci fosse un telefilm del genere su in Scozia. Proprio non ce lo vedo l'ispettore Taggart, lo spigoloso commissario scozzese, a citare la Bibbia una volta ammanettato il delinquente di turno, e dirgli di pregare per il perdono divino. Don Matteo va ormai in onda da più di dieci anni e nessuno si è mai chiesto come mai ci sia un tasso così alto di omicidi in una cittadina così piccola e pittoresca. Ma non è l'unica cosa assurda del programma, quindi credo che la gente ci passi tranquillamente sopra.

Chiaramente non sono sorpreso che Don Matteo sia così seguito qui. Come ho detto in un altro capitolo, la religione ha un ruolo cardine nella vita quotidiana in Italia. Non puoi vivere qui e non notare la presenza del cattolicesimo.

La maggior parte degli edifici pubblici (scuole, ospedali, comuni, e ambulatori, per dirne qualcuno) hanno i crocifissi appesi al muro. Tuttavia, poco tempo dopo il nostro trasferimento, tale simbolo onnipresente nella vita italiana fu sfidato da una madre i cui due figli frequentavano una scuola nel nord Italia. La donna portò il caso alla Corte Europea per i Diritti Umani, denunciando che l'uso del crocifisso in classe violava i principi a cui le scuole pubbliche hanno l'obbligo di sottostare. All'inizio vinse, e la giuria sentenziò che TUTTE le scuole italiane avrebbero dovuto rimuovere i crocifissi dalle aule. La reazione del popolo italiano, dei politici e, ovviamente, del Vaticano, fu incredibile.

L'argomentazione primaria che si portò avanti, tra le altre presenti nell'indignazione generale, era che il crocifisso non era un simbolo unicamente religioso, ma culturale, parte dell'identità italiana. E il portarlo via dagli edifici pubblici, in particolare le scuole, sarebbe stato l'equivalente di uno stupro culturale (scusate l'iperbole, ma tale espressione venne veramente usata). Il governo italiano fece ricorso e vinse. Infine, venne decretato che non c'erano prove che il crocifisso influenzasse gli alunni. Ciò servì a ricordarmi che, nonostante la minore affluenza di gente in chiesa, e probabilmente il sempre minor numero di persone che si considerano religiose, sembra che l'Italia, almeno per il momento, sia ancora un paese molto cattolico e, per la maggiore, pare voglia mantenere tale reputazione.

Non si trovano immagini religiose solo negli edifici pubblici. In effetti le trovi nei posti più improbabili. La farmacia del mio quartiere, poco distante da casa, ha un ritratto di Gesù Cristo incorniciato in argento appeso proprio sopra il bancone, tra le confezioni di pillole e medicine. È uno strano abbinamento. All'inizio credevo fosse in vendita (anche se non ho mai visto vendere icone sacre in farmacia). Tuttavia, un giorno ho scoperto che era sicuramente lì per altre ragioni. Finalmente trovai il coraggio e decisi di verificare la mia teoria chiedendo alla farmacista quanto costasse il dipinto di Gesù. Mi ha solo guardato, come se fossi appena sbarcato dall'astronave e le avessi chiesto di portarmi dal presidente. Non si è nemmeno presa la briga di rispondermi. Questa sì che era un'opportunità mandata all'aria. Voglio dire, per quanto ne sapeva lei, le avrei potuto offrire un sacco di soldi per quel quadro.

L'influenza della religione e della Chiesa si insidia anche nella lingua italiana. Quando i bambini giocano a nascondino – almeno qui in Sardegna - spesso dicono "chiesa!" al posto di "tana!". Un altro esempio è l'uso dell'espressione "ogni morte di papa". Forse questa deriva dal tempo del papato di Giovanni Paolo II, che è durato dal 1978 al 2005. O forse no. Sto tirando a indovinare.

Le domeniche, pur non essendo più le stesse di vent'anni fa, sono ancora chiaramente un giorno di riposo, segnate sul calendario come "festa", e di solito passate in famiglia con pranzi interminabili. Mentre è vero che ciò sta cambiando (per esempio, i centri commerciali dell'hinterland cagliaritano e alcuni negozi del centro adesso aprono di domenica), non devi andare molto lontano per

capire come doveva essere a Cagliari vent'anni fa.
Nelle città più piccole non c'è quasi niente di aperto
la domenica, sembrano città fantasma.

Spesso nel fine settimana andiamo a San Vito, a
un'ora di macchina da Cagliari, dove vivono molti
dei parenti di Stefania, e dove abbiamo una casa
anche noi. Sappiamo bene che la maggior parte dei
negozi sono chiusi la domenica, quindi arriviamo
preparati. È un posto tranquillo e pacifico, lo
amiamo. E se la tranquillità diventa troppa,
abbiamo sempre la televisione. Di solito c'è qualche
programma interessante.

CAPITOLO VENTITRÈ

Pasquetta

La settimana di Pasqua inizia con la Domenica delle Palme e finisce con Pasquetta, e in mezzo c'è un sacco di roba. La Pasqua qui è festeggiata in grande quasi quanto il Natale, e mi lascio andare a tutto ciò che offre. Me la godo proprio.

La mattina della Domenica delle Palme vedi un sacco di venditori di palme fuori dalle chiese. Dico "venditori", ma la maggior parte di loro accetta solo un'offerta e per un pezzo di ramo mi sembra più che sufficiente. Dai, scherzo, le palme che alcuni intrecciano sono veramente artistiche e belle esteticamente e ci vuole po' di lavoro. Ci sono di varie dimensioni. Alcune molto piccole: non è raro comprarne una e appenderla in macchina sotto lo specchietto, così da proteggerti da eventuali incidenti. Ovviamente funziona alla grande. Non ci sono incidenti stradali in Sardegna[7]. Ne puoi anche comprare di più grandi, da mettere in casa, e alcune ancora più grandi da mettere... in realtà non ho proprio idea di dove mettano quelle veramente grandi, dopo che le hanno trasportate per la città la Domenica delle Palme. In giardino? Non lo so.

La messa della Domenica delle Palme incomincia con la benedizione delle foglie di palma in una piccola piazza a duecento metri dalla chiesa del nostro quartiere. Poi seguiamo il prete in chiesa facendo del nostro meglio per non far vedere che ci stiamo affrettando per accaparrarci i posti a sedere. Per la Domenica delle Palme la chiesa è piena. E quando dico piena, intendo strapiena. Centinaia di persone stipate al punto che se soffrissi di claustrofobia, usciresti, e pure in fretta!

Di solito passiamo il fine settimana di Pasqua a San Vito. Siamo fortunati ad avere casa e famiglia lì. È una zona stupenda, nota come Sarrabus, nell'angolo sud-orientale dell'isola. Ci sono alcune tra le spiagge più belle del Mediterraneo, e una pace e tranquillità che non hanno prezzo. Migliaia di cagliaritani si spostano qui d'estate (e anche

---

[7] Sono ironico. Ovviamente non è vero che non ci sono incidenti, ma voglio sottolineare che non intendo affatto offendere quelli che credono che appendere un pezzo di albero in macchina li renda immuni da possibili sinistri stradali.

durante il resto dell'anno) per scappare dalla città e respirare un po' d'aria fresca.

La vista del cielo stellato dal nostro cortile è mozzafiato. Per via della mancanza di inquinamento nell'aria si possono vedere tantissime costellazioni a occhio nudo. E il dieci di agosto, notte di San Lorenzo, lo spettacolo delle stelle cadenti a partire dalla mezzanotte è fenomenale. Un'estate, qualche anno fa, vennero a visitarci alcuni amici dalla Scozia. Rimanemmo sdraiati in cortile a guardare il cielo, mentre una stella dietro l'altra esplodeva di vita sopra di noi, illuminandoci. Era spettacolare.

Ma sto di nuovo divagando. Di solito passiamo il weekend di Pasqua a San Vito, e quest'anno mentre scrivo non ha fatto eccezione. Il primo grande pasto viene consumato di sabato, con tutti i familiari. In realtà la cena del sabato prima di Pasqua è un po' diversa, dacché si suppone che debba essere più frugale per lasciare spazio alla grande celebrazione mangereccia del giorno dopo. Ma nonostante ciò, pare che ci vogliano non meno di tre ore prima che ci si alzi da tavola. Una delle pietanze tipiche del sabato della Pasqua sarda è la *cordula*, si tratta praticamente di intestini animali. E alla vista sembrano davvero intestini. Di solito si cucina al camino con lo spiedo, ed è sorprendentemente deliziosa. Certo, c'è un sacco di altra roba sia prima che dopo: gli antipasti (salumi, verdure grigliate, olive e così via), un piatto o due di pasta, frutta, dolce, e un tripudio di altre cose che ho già descritto nel dettaglio (capitolo 11). Questo è ciò che intendono per frugale.

A questo punto, c'è l'opzione di andare alla messa notturna, ma di solito posticipiamo questo piacere al giorno dopo. No, davvero, non sto provocando o facendo il sarcastico: è davvero un piacere andare alla messa di Pasqua a San Vito. È un bell'evento.

All'inizio c'è *l'incontro* in una piccola piazza vicino casa nostra. Una grande effige di Cristo viene portata su un plinto da sei uomini per incontrare una rappresentazione di stazza simile della Madonna, che viene dall'altra parte. È una cerimonia molto sobria e, quando le due effigi si incontrano, il velo della Vergine viene tirato su per mostrarne il viso, e ci sono fiori che cadono da un balcone sopra le due statue, il tutto nel più completo silenzio.

Poi camminiamo dietro alle effigi fino alla chiesa, di nuovo mettendocela tutta per non far notare che stiamo accelerando per accaparrarci un posto. Una volta arrivati, la messa comincia. La musica è magnifica, il coro canta armonie celestiali, e meravigliose percussioni, chitarre e altri strumenti si mettono insieme per formare suoni dal forte carattere emozionale. Quest'anno la musica è stata accompagnata dal maestro Luigi Lai, il miglior suonatore di *launeddas* mai esistito, e certamente il più famoso, non solo in Sardegna, ma a livello internazionale. Adesso ha ottantatré anni, ed è ancora attivo. È stato un privilegio vederlo suonare alla nostra chiesa.

Le *launeddas* sono strumenti musicali di canna, alla vista molto semplici e non troppo diverse dalle canne delle cornamuse. L'unica gran differenza tra i due strumenti è che, mentre in Scozia il suono viene generato dal sacco della cornamusa, il suonatore di *launeddas* fa la stessa cosa con le sue guance, che si gonfiano fino a raggiungere la grandezza di due piccoli meloni. È interessante da guardare. E il suono che producono è magico. Magico e unico.

Dopo la messa, ci fermiamo fuori per scambiarci gli auguri di Pasqua. Calcolando che qui ci vive la maggior parte dei parenti di Stefania e che conosciamo un bel po' di gente, l'operazione può richiedere un po' di tempo. Alla fine, io sto morendo di fame e non vedo l'ora di sedermi alla tavola del lungo, lunghissimo pranzo.

Salto la descrizione di quello che abbiamo mangiato quest'anno perché ci metterei tutto il giorno. Ma va da sé che è stato molto piacevole e molto, molto lungo. Il resto della giornata di solito si passa a visitare i parenti o a fare una lunga camminata in campagna per provare a smaltire un po' gli eccessi delle precedenti quattro ore.

Il giorno dopo è Pasquetta. Io amo incondizionatamente Pasquetta. Come in Scozia, è festa nazionale, ed è la giornata ideale per incontrare gli amici. Il clima mite ti permette di programmarla bene e in anticipo, visto che si può essere quasi certi che il tempo sarà perfetto.

Quest'anno è stata particolarmente calda e soleggiata (circa venticinque gradi), perfetta per passare la giornata all'aperto. A Pasquetta di solito si fa una scampagnata e (ma tu guarda che sorpresa), spesso si organizza un pranzo stravagante all'aria aperta che, per la maggior parte, include un barbecue.

Quando dico "barbecue" non intendo un barbecue portatile che puoi tranquillamente trasportare nel bagagliaio della macchina. Come avrete ormai capito, qui il cibo è una cosa seria. Molti parchi di campagna sono equipaggiati con barbecue giganti fatti di mattoni. E non è raro vedere persone cucinare un intero *maialetto* allo spiedo, assieme ad altri pezzi animali. Non c'è scampo per gli schizzinosi, vegetariani o meno. Se vuoi mangiare carne, dovrai pure accettare che viene da un animale morto.

I barbecue di mattoni sono così popolari che i parchi più affollati hanno un sistema di prenotazione: prenoti in anticipo e paghi un euro a testa per adulto, cinquanta centesimi per un bambino, per avere accesso a un tavolo e alla "cucina". Vale la pena spendere. Sarà affollato, ma mai troppo affollato, e non dovrai litigare per lo spazio. Al parco in cui siamo andati quest'anno (*Sa Fogaia*, nel centro della Sardegna, vicino a Siddi), c'era un'atmosfera bellissima: né troppa né troppo poca gente, e tutti molto amichevoli e socievoli. Il panorama delle colline circostanti era splendido, e per via del bel tempo la vista si estendeva a perdita d'occhio.

A pochi passi dal nostro posto c'era un autentico nuraghe: un'antica torre di pietra che ha origini preistoriche, quando venivano usati come abitazioni dalle prime civiltà mediterranee. C'è così tanto che potrei scrivere sui nuraghi, sono meravigliosi e patrimonio culturale della Sardegna, ma la verità è che sono piuttosto difficili da descrivere. È una di quelle cose che bisogna vedere. Costruiti intorno al 1600 avanti Cristo, si sa molto poco delle civiltà nuragiche, ma sembra che vivessero un'esistenza relativamente sofisticata, con attrezzature da cucina, acqua calda e comode dimore che comprendevano una "sala riunioni" dove venivano prese le decisioni più importanti sulla comunità.

Il nuraghe più famoso in Sardegna, e ce ne sono più di settemila, è a Barumini, a una cinquantina di chilometri da Cagliari. Vi raccomando caldamente di andare a visitarlo se mai sbarcate in Sardegna. È un'esperienza unica che riporta indietro nel tempo man mano che ti arrampichi sulle strutture interne del nuraghe. Il nuraghe di Barumini è patrimonio dell'UNESCO e i visitatori, particolarmente coloro che si interessano di archeologia e preistoria, vengono da tutto il mondo per visitarlo. Ho avuto il piacere (e l'onore) di lavorare lì per tre mesi mentre aiutavo le guide locali a perfezionare il loro inglese. Adesso capiscono benissimo l'inglese, ma parlano con un po' di accento scozzese. Ma sto divagando ancora.

L'unico lato negativo delle scampagnate è che i sardi hanno l'abitudine di andarci in convoglio (o carovana). Anzi per quanto ho capito io, non sono solo i sardi che amano andare in convoglio ma è un'abitudine italiana. Non importa dove andate, ci andate tutti insieme. Anche se non ha per niente senso (ad esempio, se andate a un ristorante a qualche chilometro fuori città e voi vivete in quartieri diversi quindi fareste strade diverse per arrivare a destinazione), vi mettete sempre d'accordo per incontrarvi in un posto prefissato e andare tutti insieme.

Di solito, quando ci si sposta in convoglio, devi aspettare un po' di tempo, per diverse volte, che i ritardatari vi raggiungano (es: sono fermi al semaforo che non scatta o li hanno fermati i carabinieri), e la cosa diventa immensamente frustrante. Ma, almeno in Italia, sembra che sia l'unico modo in cui vanno fatte le cose, indipendentemente dalla sua efficienza.

Per Pasquetta ho avuto l'audacia di proporre a un gruppo di amici di Stefania di vederci direttamente a destinazione, anziché andare tutti in gruppo e fermarci ogni due chilometri. Ho ottenuto i soliti sguardi, specialmente da Stefania. Conoscete quello sguardo. Sono sicuro che l'avete ricevuto almeno una o due volte nella vita. Probabilmente anche di più se siete sposati con un'italiana. Lo "sguardo" trasmette disgusto e sconforto, come a dire come sia possibile solo pensare qualcosa di così stupido (anche se chiaramente più ragionevole) che sfidi tutto ciò che è caro alla cultura italiana. E per giunta davanti ai miei amici. Che vergogna. Così decisero di ignorare il mio consiglio e viaggiammo in convoglio. Di nuovo.

Non dovrei lamentarmi. Nonostante le attese infinite e le pause ogni due chilometri, siamo tutti arrivati illesi a destinazione. Quelle foglie di palma fanno davvero miracoli.

CAPITOLO VENTIQUATTRO

La strada nuova

Aduecento metri da casa nostra c'è il *Ponte Emanuela Loi*. Un ponte ben fatto, ormai simbolo della zona. Si può vedere da tutta la zona di Monserrato (e anche da qualche parte di Cagliari) di giorno e anche di notte, visto che è illuminato in modo spettacolare. Il ponte attraversa la strada statale 554 (chiamata dai locali *la cinque cinque quattro*), una delle più importanti di Cagliari. La 554 porta a tutti i sobborghi di Cagliari e, cosa più importante, alla litoranea che porta a Villasimius, Costa Rei, e, più frequentemente per noi, San Vito e Sarrabus.

Il ponte è stato ultimato nel 2009 ed è dedicato a Emanuela Loi, una ragazza sarda uccisa a

Palermo nel 1992, mentre lavorava in Sicilia come agente di polizia. Al tempo dell'assassinio aveva solo ventiquattro anni. Ci siamo trasferiti in Sardegna appena il ponte fu completato, e le circostanze della scomparsa di Emanuela mi hanno sempre intrigato. Non mi ci è voluto molto per scoprire che la ragazza fu uccisa in uno dei più noti e orrendi, se non il più orrendo, episodio di criminalità mafiosa che abbiano mai avuto luogo in Italia. Mi sono ricordato che avevo letto di questo sui giornali in Scozia, quando studiavo all'università.

Quello che non sapevo allora, ma che so adesso, è che era una ragazza sarda una delle vittime di questa scioccante serie di eventi. Così scioccante che in Italia è nota come La strage di Via D'Amelio, dove ebbe luogo l'assassinio. Ma fatemi contestualizzare.

Per chi non lo sa (ma sicuramente siete in pochi), Giovanni Falcone era un giudice siciliano che nel corso degli anni stava ottenendo una solida reputazione di uomo capace di affrontare il potere della mafia mediante una serie di azioni penali. Il culmine della sua carriera fu il processo per il riconoscimento di Cosa Nostra come organizzazione criminale durante i leggendari maxi-processi tenuti a Palermo tra il 1986 e l'87.

Il ventitré maggio 1992, Falcone volò da Roma a Palermo con la moglie, ma mentre tornava a casa, scortato dalla polizia, la sua macchina esplose per via di un assassinio calcolato meticolosamente dai membri più anziani della mafia siciliana. La mafia aveva identificato Falcone come la minaccia più grave e immediata alla loro libertà di "gestione" dell'isola.

Mi ricordo proprio di aver letto dell'omicidio di Falcone sui giornali britannici. Fu un evento di importanza internazionale. L'insorgenza contro la mafia in Sicilia fu senza precedenti. Quello che non avevo realizzato era che, cinquantasette giorni dopo, la mafia assassinò l'amico e collega di una vita di Falcone, Paolo Borsellino, con un attentato simile che fece esplodere la sua macchina appena fuori dalla casa di sua madre a Palermo.

Fu questa bomba a uccidere anche Emanuela e i suoi quattro colleghi, che si impegnavano a proteggere Borsellino. Borsellino sapeva perfettamente di essere un bersaglio, avendo lavorato a stretto contatto con Falcone. Sapeva che aveva poco tempo, ma probabilmente non si aspettava di morire appena cinquantasette giorni dopo il suo amico e collega Falcone.

Nel periodo in cui stavo leggendo dell'omicidio di Emanuela, su Rai Uno veniva trasmesso un docufilm intitolato *I 57 giorni di Paolo Borsellino*, interpretato da Luca Zingaretti (per i fan di Montalbano: se guardate attentamente noterete la foto di Falcone e Borsellino appesa nell'ufficio del commissario, e non credo di dover citare il finale drammatico de *Il giovane Montalbano*, nel cui finale viene ritratto l'assassinio di Falcone, che fa sì che Montalbano cambi idea sul trasferimento a

Genova con Livia e rimanga in Sicilia per combattere i mafiosi). Quando guardai *I 57 giorni di Paolo Borsellino*, non esagero quando dico che fu la prima volta che rimasi così colpito e impressionato da un programma televisivo. Forse perché avevo letto molto riguardo alle circostanze prima di guardarlo, e sapevo che c'era anche una ragazza sarda, ma tuttavia, fu qualcosa di tremendamente forte. E mi fece pensare che nonostante la mafia, e le altre organizzazioni criminali considerati come la piaga dell'Italia, ci sono veri eroi là fuori che si battono contro di loro con un coraggio che so per certo che io non avrei mai.

Un altro di questi eroi contemporanei che molti conosceranno è Roberto Saviano. Saviano ha scritto *Gomorra*, di cui furono realizzati in seguito un film acclamato a livello internazionale e una serie televisiva. Il libro è ambientato in Campania e parla delle attività della mafia napoletana, la Camorra. Il libro, benché scritto come romanzo, è basato su eventi realmente accaduti, e vengono citati i veri nomi di figure chiave della Camorra. Saviano sapeva perfettamente che ci sarebbe potuto essere un contraccolpo potenzialmente fatale da parte di quelli su cui scriveva. Fu costretto ad andare sotto copertura intorno al suo ventisettesimo compleanno per via delle minacce di morte che ricevette dai membri anziani della Camorra. Vive ancora sotto scorta, probabilmente all'estero.

Roberto Saviano è anche conosciuto a livello internazionale. Nel 2008 ha ricevuto il supporto di sei vincitori del Nobel (Dario Fo, Mikhail Gorbachev, Desmond Tutu, Orhan Pamuk, Günter Grass e Rita Levi-Montalcini), i quali dichiararono al governo italiano che Saviano meritasse di ricevere protezione continua (ci sono sempre state discussioni sul fatto che la sua protezione dovesse giungere a termine), e sottolinearono che la criminalità organizzata dovrebbe essere un problema di tutti i cittadini in democrazia, e non solo di scrittori come Saviano. Dire che Saviano ha coraggio è dire pochissimo. Ha sacrificato una vita normale per lottare contro la mafia, e merita ammirazione e coraggio da parte di tutti gli italiani.

Vivendo a Cagliari non si nota l'esistenza di una cultura mafiosa, ma sono abbastanza sicuro che un certo livello di criminalità organizzata esiste, come in tutte le città abbastanza grandi, e non solo in Italia, ma anche in Scozia e in altri luoghi. È certamente molto più nascosta di quanto lo sia in Sicilia, a Napoli e in Calabria ad esempio.

Mi ricordo che Adriano (sì, lo stesso di "io sono Adriano" del capitolo 22) mi raccontò di un episodio successo a lui e alla sua famiglia quando andarono in vacanza in Sicilia diversi anni fa. Si erano fermati per una notte in una pensione di un paesino della costa sud-occidentale. Il giorno dopo erano andati dove avevano parcheggiato la macchina e scoprirono che tutte e quattro le ruote erano state rimosse e rimpiazzate con dei mattoni.

Al che erano tornati indietro per dire alla padrona cosa era successo durante la notte. Lei aveva solo annuito, con l'aria di saperlo già, e aveva detto di andare dal macellaio dall'altra parte della strada e di chiedere a lui. Adriano e la sua famiglia così fecero. Il macellaio fece una telefonata, poi disse loro di andare al bar, dove avrebbero incontrato qualcuno che li avrebbe aiutati. Dopo un interrogatorio di dieci minuti in cui fu chiesto al padre di Adriano da dove venissero, perché fossero in Sicilia e che intenzioni avessero per i prossimi giorni, alla fine vennero restituite le loro ruote. Non riesco a immaginarmi un episodio del genere in Sardegna.

Invece, fino agli anni Ottanta, la Sardegna era famosa per il sequestro di persona. Ciò finì molto tempo fa, ma per qualche motivo, molte persone anglosassoni di mia conoscenza (di solito di una certa età) associano sempre la Sardegna ai banditi e ai sequestri. Il fenomeno aveva raggiunto il picco negli anni Settanta quando divenne più frequente, ma anche in quel periodo non capitava poi tanto spesso. I banditi, di solito provenienti dalla Barbagia, nel centro Sardegna, rapivano i figli di ricchi baroni o imprenditori per portarli nelle montagne. Chiedevano un riscatto e, dopo il pagamento, le vittime venivano riportate illese (fisicamente). Il caso più noto, e il più recente, fu quello di Silvia Melis, rapita nel febbraio 1997 a Tortolì, vicino a Nuoro, e tenuta prigioniera per duecentosessantacinque giorni. Alla fine, riuscì a scappare nel novembre dello stesso anno, quindi non ci fu riscatto.

In seguito, tuttavia, venne rivelato che il padre aveva pagato degli intermediari (compresi un giudice e un imprenditore sardo) invischiati nelle negoziazioni con i sequestratori. Si insinuò che i pagamenti non furono mai passati ai rapitori e venne aperta un'inchiesta (uno degli investigatori fu un giovane magistrato, Antonio Ingroia, che aveva lavorato al fianco di Falcone e Borsellino a Palermo). Tragicamente, uno degli intermediari si suicidò dopo l'interrogatorio, e anche se nessuno fu mai condannato per estorsione, rimane ancora il dubbio su cosa fosse accaduto esattamente durante il sequestro e la liberazione di Silvia Melis. I sequestri parvero tuttavia cessare dopo l'accaduto. E anche allora, questo fu il primo caso in cinque anni.

Comunque, per ritornare al *Ponte di Emanuela Loi:* il ponte attraversa la 554, la strada che porta sulla costa e le spiagge gloriose del Sarrabus. Vent'anni fa, quando andai a trovare Stefania per la prima volta, l'unico modo per arrivarci era percorrere una strada tutta curve a una sola corsia che, oltre all'offrire panorami mozzafiato, mi dava anche molta nausea ogni volta che la percorrevamo (ovviamente era un problema mio, niente a che vedere con la guida cauta e composta di mio suocero).

Questa strada, nota come la vecchia 125, si estende per circa sessanta chilometri da Cagliari a

Muravera. Vale la pena percorrerla: la strada è spettacolare, immersa nel verde e porta al Parco dei Sette Fratelli. Sfortunatamente non sono rari gli incidenti fatali su questa strada e di solito le vittime sono i motociclisti. La teoria più condivisa è che i motociclisti perdano la concentrazione necessaria e precipitino centinaia di metri giù. In effetti bisogna mantenere i nervi saldi in questa strada, non è per quelli facilmente impressionabili o i deboli di cuore. Infatti, il debole di cuore sarà lieto di sedersi al lato passeggero.

La strada è nota come **vecchia** 125 perché nel 2000 hanno iniziato a costruire una nuova superstrada che più o meno fa lo stesso tragitto, ma senza tutte quelle curve. Questa è la **nuova** 125 o più spesso chiamata solo "la strada nuova". Non è neanche lontanamente pittoresca quanto la vecchia, ma è certamente più semplice da percorrere. Invece di resistere a tutte quelle curve, hai il piacere (sempre che ti piaccia questo genere di cose) di guidare attraverso altrettante gallerie. Nel costruirla, gli ingegneri hanno semplicemente forato tutti gli ostacoli collinari che si trovavano sulla loro via e ciò è risultato una superstrada con un'abnorme quantità di tunnel. Praticamente passi più tempo al chiuso che all'aperto. Magari non è proprio così, ma siamo lì: ne ho contati diciassette in cinquantaquattro chilometri, e alcuni tunnel sono lunghi tra i due e tre.

Comunque, essendo in Sardegna, ci fu uno scandalo riguardo la costruzione de *la strada nuova*.

Tale scandalo non riguarda solo il fatto che ci sono voluti quindici anni per ultimarla, ma anche i vari problemi di costruzione che hanno portato alla chiusura di alcune parti della strada realizzate solo negli ultimi anni. Alcuni tratti sono stati totalmente chiusi per lavori di riparazione d'emergenza dal momento che la strada ha collassato in alcune parti. Ciò ha provocato indignazione pubblica e, infine, un processo legale contro alcuni dei personaggi coinvolti nella costruzione. Si dice che il cuore del problema sia una questione di corruzione, frode e mazzette. Nella fattispecie, si dice che la costruzione di alcune parti fosse stata affidata a un appaltatore chiaramente non qualificato. Ovviamente, sono voci. Chi sono io per affermarlo con certezza? Non sono Roberto Saviano. O Giovanni Falcone. O Paolo Borsellino. O Emanuela Loi.

CAPITOLO VENTICINQUE

Sagra

Il primo maggio è un giorno molto speciale in Sardegna. Sembra che tutta l'isola si ritrovi al centro di Cagliari per celebrare la Festa di Sant'Efisio, anche chiamata la Sagra di Sant'Efisio. Ci sono centinaia di sagre in Sardegna, tutto l'anno, ma stanno tutte all'ombra di Sant'Efisio.

È difficile avere un'idea su cosa sia una sagra finché non ne hai esperienza. Diciamo che è una sorta di festeggiamento della comunità, solo in scala maggiore e ogni tanto (ma non sempre) caratterizzato da seri toni religiosi.

La Festa di Sant'Efisio è eccessivamente religiosa. Viene celebrata da più di trecentosessant'anni, dal 1656. Si celebra

Sant'Efisio, che si crede abbia liberato l'isola dalla peste nel 17esimo secolo dopo le preghiere dei sardi.

Efisio nacque intorno al terzo secolo e fu giustiziato nel 303 dc a Nora, sulla costa. Fu decapitato per aver disobbedito agli ordini dell'imperatore Romano Diocleziano, che lo aveva mandato in Sardegna per contribuire alla persecuzione dei cristiani dell'isola. Ma una volta in Sardegna ebbe esperienza di un'apparizione religiosa, e si convertì, finendo per proteggere la gente contro i persecutori.

La leggenda narra che, prima di venire decapitato, Efisio pregò a voce alta perché i cagliaritani venissero protetti da tutti coloro che intendevano opprimerli sulla base del loro credo. Quando la peste arrivò a Cagliari, secoli dopo, la gente del posto pregò Sant'Efisio di aiutarli, e credettero che il santo avesse ascoltato le loro preghiere quando la peste fu debellata. Quindi cominciò la Festa di Sant'Efisio: un pellegrinaggio religioso da Cagliari a Nora, per quaranta chilometri per dimostrare la gratitudine dei cagliaritani al santo.

La processione è cresciuta esponenzialmente nel corso dei trecentosessant'anni di celebrazioni, quindi potete immaginarne la portata che ha adesso. Anche se al giorno d'oggi le festività di Efisio durano ufficialmente per quattro giorni (dal 1 al 4 di maggio), l'evento chiave è la processione di tre ore che parte dal centro di Cagliari il primo maggio, indipendentemente dal giorno della settimana, a cui partecipano migliaia di spettatori. La processione comprende figure religiose, esattamente come molti secoli or sono, ma ci sono anche svariati gruppi folk di tutta la Sardegna vestiti in costume (ogni zona della Sardegna ha un costume tradizionale diverso), così come cavalieri eleganti, musicisti di launeddas, buoi, e tanti altri partecipanti, in tutto circa seimila (e sono solo quelli che sfilano).

Alla fine della processione, quando l'orologio della Chiesa di Sant'Efisio, fondata nel tredicesimo secolo, scocca il mezzogiorno, le campane suonano e annunciano che è ora che il Santo appaia. Anche se di solito Sant'Efisio esce dalla chiesa molto più tardi di mezzogiorno. Qui neanche i Santi arrivano in orario.

Quando dico che il santo appare, ovviamente intendo un'effige del santo, portata su un carro tirato da buoi. Anche i buoi sono agghindati per l'occasione, con fiori e colori sgargianti. Sopra il carro c'è un trasportino di vetro dove, su un piedistallo, viene posizionato il santo, raffigurato con una mano alzata, quasi a salutare i fedeli. Al suo passaggio, vengono gettati petali di rosa dalle finestre e le decine di migliaia di persone che assistono applaudono. Suona bizzarro? Lo è. Molto. Ma allo stesso tempo è stranamente affascinante, e molto coinvolgente.

La processione continua fino a Nora, dove il santo è messo per tre giorni in un'altra chiesa (ugualmente chiamata Chiesa di Sant'Efisio), fino al quattro, quando Efisio viene riportato a Cagliari.

La Festa di Sant'Efisio è il festival religioso più grande e vecchio di tutta Italia, e uno dei più grandi in Europa. Come potete immaginare, qui è molto sentito. In migliaia vengono da tutto il mondo solo per partecipare alla festa. È un evento così immenso e radicato che Flavio, dopo aver scoperto che il compleanno di mio fratello è il primo maggio mi ha chiesto (probabilmente scherzando, ma è difficile dire quando scherza o no): *"e come si chiama tuo fratello? Efisio?"*.

Come detto prima, ci sono un sacco di sagre in tutta la Sardegna, tutte diverse. C'è la sagra del vino, quella delle ciliegie, quella del pane, del pesce, della lumaca, e perfino la sagra dell'anguilla. La lista è infinita. La maggior parte viene celebrata d'estate per attirare i turisti, ma in verità ce ne sono tutto l'anno.

La nostra sagra preferita è quella degli agrumi, che ho menzionato brevemente nel capitolo 13. Ha luogo a Muravera, poco lontano da San Vito, di solito il weekend dopo Pasqua, che segna la fine della stagione di arance e limoni. Ribadisco, ci sono un sacco di eventi durante quel weekend, come le visite ai frutteti, le mostre e così via, ma l'evento principale della festa è la processione di due ore per Muravera la domenica.

Ora, sono stato ad alcune feste di stampo simile in Scozia. Sono anche stato a due che sono considerate particolarmente speciali, il *Lainmer Day di Lanark* e il *Jethart Callant's Festival* a Jedburgh. Ma non sono niente paragonate alla Sagra degli Agrumi o alla Festa di Sant'Efisio. Quello che offrono qui è un'esperienza completamente diversa. Ci sono tre aspetti della Sagra degli Agrumi che sono specialmente degni di nota e che distinguono la festa da qualunque cosa abbia mai visto in terra scozzese.

Per prima cosa, i costumi tradizionali indossati dai partecipanti alla sfilata, particolarmente quelli delle donne. Potrei scrivere un altro libro sui costumi sardi, infatti molti l'hanno già fatto, ma, per provare a riassumere, i costumi sono molto elaborati e di solito consistono in sei elementi: un **copricapo**, come uno scialle; una **camicia** con volant e ricami; una **sottogonna**; una **giacca** decorata con bottoni d'argento; una **gonna**, di solito lunga e morbida accompagnata da un grembiule; e infine le lucide **scarpe** nere decorate con fibbie argentate.

Il costume è prevalentemente un misto di rosso e nero tranne per la camicia bianca decorata con tessiture intricate e pizzi. Anche se dipende dalla zona in cui il costume è stato realizzato. Ogni zona ha il suo costume tradizionale. Alcuni hanno il verde come colore prominente, altri giallo o viola. Ora, magari sono di parte quando dico che le donne sarde sono bellissime (d'altronde ne ho sposato una), tuttavia, quando le vedi passare indossando il costume è difficile dire qualcosa di diverso. E non sono l'unico a pensarlo.

Paolo Mantegazza, scrittore italiano che visitò la Sardegna scrisse nel suo libro *"La fisiologia della donna"* una descrizione delle donne sarde, parlando di copricapi e un'infinita grazia nel lasciare più all'immaginazione che all'occhio, e della bellezza del seno. Parla inoltre di una strategia di camicie, pizzi e tessuti intricati che non permettono di vedere niente ai profani. Continua a descrivere la silhouette della donna sarda in generale come *"un corpo magro ed elegante, con un viso ovale, viso pallido, grandi occhi e seno abbondante"*. È difficile dissentire!

Il secondo aspetto della processione, anche se non solo proprio della Sagra degli Agrumi, è la presenza dei Mamuthones. Ho appena fallito miseramente nel fare una descrizione adeguata del costume sardo, quindi solo Dio sa come farò a rendere l'idea del Mamuthone. Ok, immaginate uomini-bestia con una maschera terrificante. Vabbè, più o meno.

I Mamuthones sono in pratica uomini vestiti interamente in pelle di pecora o capra, con diversi campanacci attaccati che suonano a ogni movimento. Hanno anche una maschera che sembra essere fatta di una testa di capra o una maschera nera di legno dall'espressione malvagia. Portano fruste e lacci che usano per "catturare" le donne. Un gruppo di trenta Mamuthones che marciano all'unisono può essere abbastanza assordante ma, allo stesso tempo, è un'esperienza unica.

C'è un carnevale dedicato ai Mamuthones che ha luogo a Mamoiada, vicino a Nuoro, centro Sardegna. C'è anche un museo aperto tutto l'anno, se vi interessa questa figura. Finora non ho avuto il coragg... cioè, l'occasione, di andarci, né all'uno né all'altro. Forse quando sarò più grande e non me li sognerò più la notte.

La terza caratteristica delle sfilate della sagra è l'elaborata natura dei carri allegorici. La mole di lavoro che dev'esserci dietro è impressionante. Ho visto alcuni carri che avevano capre e maiali vivi sopra, e anche contadini che arrostivano del maialetto su uno spiedo in un caminetto di mattoni. Alcuni avevano alberi d'arance sopra con la frutta che ti veniva lanciata incontro (se sei fortunato). Tutto ciò vi passa accanto lentamente su un veicolo appresso all'altra nel giro di un paio di ore. Impressionante davvero. Un anno, su un carro c'erano perfino dei contadini che costruivano un caminetto con mattoni e cemento, per mostrare al pubblico come si fa.

Se mai visitate la Sardegna ad aprile, vi consiglio caldamente di andare alla Sagra degli Agrumi. Nonostante tutte le belle feste a cui si può prendere parte, non vedrete mai niente di simile. E già che venite ad aprile, perché non aspettare fino al primo maggio per Sant'Efisio? Due piccioni con una fava.

CAPITOLO VENTISEI

La prima comunione

Domenica scorsa Anna ha fatto la prima comunione. Stiamo iniziando solo adesso a respirare di nuovo e a tornare a una qualche sembianza di vita normale, dopo settimane di preparazioni frenetiche. La prima comunione qui è un evento molto importante e molto più grande rispetto a come festeggiamo in Scozia. La festa che bisogna fare in famiglia in questa occasione è quasi pari a quella di un matrimonio. Forse sto esagerando, ma forse no. Molte famiglie dopo la messa decidono di andare in ristorante o in un agriturismo. Noi abbiamo deciso (e quando dico "noi" ovviamente intendo "lei") che avremmo festeggiato a casa, il che non è raro, ma comporta un sacco di lavoro e preparativi. Abbiamo deciso (nuovamente "abbiamo", che scemo che sono) di semplificarci la vita ordinando le vivande da una nota compagnia di catering (la migliore sul mercato, ovviamente) cagliaritana. Quando Stefania mi ha presentato il conto delle cibarie, mi è venuto spontaneo chiederle se stessimo dando una festa per **tutti** i bambini della chiesa che stavano facendo la prima comunione.

Questa volta non avevo bisogno di beccarmi una delle occhiate di Stefania per capire perché aveva ordinato così tanta roba ad un prezzo (almeno secondo me) così alto. Era in gioco l'occasione di fare *bella figura* davanti a tutti. Assicurarsi di fare una bella figura è un aspetto chiave della prima comunione, o di tutte le altre feste.

Ma non ti devi preoccupare solo del cibo. A seguire, una breve lista delle spese che la prima comunione comporta. Siete seduti comodi? Bene, comincio. Oltre alle cibarie, ci sono le **bevande** (alcoliche e non, per soddisfare tutti i palati. Quindi: birra, vino bianco, vino rosso, bibite e liquori come mirto e limoncello); i **fiori** per il centrotavola assieme alle altre **decorazioni** per la casa; il **parrucchiere** (qui io ho risparmiato); le **bomboniere** (un piccolo regalo per gli ospiti assieme a una bustina con cinque mandorle ricoperte di zucchero); la **torta** (non una torta qualunque, ma una multi-decorata dagli esperti della pasticceria), i **dolci sardi** (per accompagnare la torta) il **vestito della comunione** per Anna da indossare alla festa, assieme alla **vestina**, che è una veste bianca che devono indossare tutti i bambini, assieme a una collana con una croce di legno; **altri vestiti e completi**, non solo per la bambina, ma anche per la mamma e i fratelli. Ho insistito che il completo che avevo comprato un paio di anni fa mi andava benissimo e sembrava nuovo, visto che l'avevo usato pochissime volte, quindi non c'era bisogno di comprarne uno nuovo. Mi sono beccato un'altra di quelle occhiatacce, ma alla fine l'ha accettato (aveva troppi pensieri per la testa); **scarpe nuove per tutti** (qui ho ceduto, ne avevo davvero bisogno); e le **pulizie** prima e dopo la festa.

Per non parlare di tutti i contributi che devi versare alla chiesa per diversi motivi: i fiori, il DVD della cerimonia, le foto ufficiali, le offerte per i poveri. Avrebbero dovuto farla a me l'offerta per tutto quello che ho speso. Adesso sono al verde.

Ovviamente ne è valsa la pena: abbiamo passato una bellissima giornata, e Anna si è goduta ogni minuto. Mi ha fatto riflettere sul significato di ciò che stavamo festeggiando. Nonostante il fatto che è ovviamente una cerimonia religiosa e la sua importanza ecumenica non è da sottovalutare, sento che qui la prima comunione è una sorta di "passaggio all'età adulta", come il bar-mitzvah per gli ebrei, e altri eventi religiosi e non propri di altre culture. E mentre in Scozia ci sono ancora quelli che celebrano la prima comunione (per lo più i cattolici), non è molto comune farlo, e mi ha fatto pensare: qual è l'equivalente scozzese? Non credo che trovare la prima rivista porno tra i cespugli o bere la prima lattina di birra con gli amichetti al parco conti. O sì? Di certo non sono cose che si fanno davanti a cinquanta o cento membri della famiglia.

Comunque, tornando alla giornata di per sé: cominciò piuttosto funesta. Bisogna ricordare che qui le chiese si riempiono, si riempiono tantissimo, specie per le comunioni. Praticamente c'è gente appesa alle travi. Il prete disse ai genitori di tutti i bambini (quarantanove in tutto) di non preoccuparsi, c'erano delle panche riservate appositamente per noi. L'unica cosa era che si dimenticarono di avvisare anche tutti gli altri.

Quindi Stefania entrò in chiesa per prendere posto, per poi scoprire che c'era pochissimo spazio. Avvistò un paio di posti, ma una signora di una certa età insisteva che quei posti erano per il marito e la sorella. Stefania conosceva bene quella signora e quelli a cui stava tenendo il posto, e non erano genitori dei bambini della prima comunione. Al che informò educatamente la signora che quelle panche erano riservate ai genitori, ma che se si fosse spostata avrebbe avuto comunque modo di sedersi, seppur dietro ad alcuni pilastri. Il problema è che l'espressione "informare educatamente" non ha un grosso peso qua in Sardegna.

La signora non aveva alcuna intenzione di spostarsi. Stefania insistette (anche alzando la voce), dicendole di spostarsi perché non aveva intenzione di assistere alla prima comunione della sua unica figlia da dietro un pilastro, e che comunque quei posti erano riservati. Ci fu uno scambio di battute senza che il problema si risolvesse. Poi a Stefania venne in mente dove aveva già visto quella signora, alcuni anni prima.

Quando volevamo andar via dall'appartamento sopra i Rossi e comprare una casa, eravamo molto interessati a una casa vicino al Bar Casti (vedi capitolo 7). E così che Stefania decise di andare a visitare il proprietario di persona e negoziare un prezzo che fosse accettabile per entrambe le parti, anche se la casa era in vendita tramite un'agenzia. Cosa non rara da fare, tanto in Italia quanto in Scozia. Mi ricordo che facemmo la stessa cosa quando dovevamo comprare casa a Edimburgo, ad esempio. Comunque, Stefania ricorda ancora vividamente che la prima controfferta della signora andava su di quarantamila euro sopra il prezzo dell'agenzia. Tutto ciò in una cultura dove non esistono le offerte al rialzo (come si usava fare durante il boom dell'immobile nel Regno Unito) ma solo al ribasso.

Va da sé che decidemmo di non continuare a negoziare quella volta. Ma questa era il tipo di persona con cui avevamo a che fare adesso, nella circostanza più urgente del posto a sedere per la comunione di nostra figlia. Fortunatamente a quel punto, circa un quarto d'ora prima dell'inizio della messa, il prete prese il microfono e annunciò a tutti che le panche centrali erano riservate esclusivamente ai genitori. Non eravamo gli unici che contrattavano.

Quella fu l'ultima parola. Qui non ti metti a discutere con un prete, specie se sei una signora di una certa età. Se ne andò via con la coda tra le gambe. Esclamai *"ritenti, sarà più fortunata!"*, mentre spariva per cercare (invano, speravo segretamente) un altro posto a sedere. Non credo avesse sentito, o comunque mi fece la cortesia di non replicare.

Grazie al cielo, dopo le peripezie iniziali, la cerimonia andò avanti tranquillamente e senza rancori (almeno da parte mia), e fu piuttosto emozionante. Dopo la messa, tutti si precipitarono nella piazza davanti alla chiesa sotto il sole accecante a fare fotografie, dare baci, e fare gli auguri, sia ai bambini che a entrambi i genitori. Di solito con due baci sulla guancia. Non potevo lamentarmi. In generale, l'atmosfera era rilassata e gioiosa. Almeno per molti. Ad un certo punto, sentii la stessa signora di prima lamentarsi con chiunque la ascoltasse (nessuno, mi sa) riguardo alla storia dei posti a sedere, e di come avrebbero dovuto mettere qualche indicazione. Probabilmente passò il resto dell'anno a lamentarsi. E a provare a vendere la casa.

Il giorno seguente, il lunedì, tutti i bambini con le rispettive famiglie tornarono in chiesa per la "seconda comunione" (non sto scherzando). Alle cinque del pomeriggio c'era un'altra messa in cui i bambini ricevevano la comunione per la seconda volta. Dopo c'era una festa in oratorio a cui tutte le famiglie portavano gli avanzi del giorno prima da condividere con gli altri.

Come entrai in oratorio per la festa, tutto lo stress delle settimane precedenti era ormai un ricordo lontano. La nostra festa era stata un successone, tutti si erano divertiti, e Stefania e soprattutto Anna erano felici per com'era andata. Era arrivato il momento di rilassarsi e godersi il riposo del guerriero. Non avevo idea di quello che mi aspettava in oratorio.

In Sardegna, ma anche in Italia in generale, il gioco del biliardino o calcio balilla è immensamente apprezzato. Ci giocano uomini e donne di età diverse, da generazioni. Si gioca nei bar, nei circoli, nei centri ricreativi, a casa e sì, anche in oratorio. Mi sa che è giusto dire che questo gioco in Scozia non è popolare come qui. Il calcio balilla da noi non gode minimamente dello status di cui gode in Italia. Di conseguenza c'è da dire che il giocatore medio di biliardino scozzese è nettamente inferiore in bravura a quello medio italiano. È come paragonare la Champions League con il torneo di calcetto di quartiere. E tutto ciò sarebbe diventato evidentissimo di lì a poco nella più snervante delle circostanze.

I papà stavano giocando "innocentemente". Uno di loro, Franco, mi chiamò. Conosco Franco abbastanza bene ma non abbastanza perché sappia che sono una frana a biliardino (per gli standard italiani. In Scozia sono campione regionale). Franco ignorò le mie proteste (*"Scusa ma io non sono bravo, non gioco molto spesso"*) e insistette per farmi giocare (*"Ma non importa, dai che vinciamo"*). Non avevo idea a cosa stavo andando incontro.

In seguito, avevo scoperto che Franco e gli altri tre avevano una lunga serie di tornei ecclesiastici di biliardino alle spalle, dall'infanzia. Le loro partite erano leggendarie. Il problema (per me) era che Franco aveva deciso che avrei sostituito il suo solito compagno, che per qualche motivo non era presente. Quindi ero stato lanciato in un ambiente altamente competitivo, e costretto a giocare a qualcosa per cui le mie abilità sarebbero state considerate mediocri per non dire altro. Dovevo mettercela tutta.

La partita iniziò abbastanza tranquillamente. Infatti, eravamo solo noi quattro giocatori. Franco mi disse di giocare in difesa mentre lui occupava la sua solita posizione in attacco. Di solito è meglio giocare una partita di tre set, ciascuno da undici goal (non ho idea di perché proprio undici). Tuttavia, bisogna superare gli avversari di due goal per vincere; ad esempio, 11 contro 10 non ha senso. Il gioco continua finché una delle due squadre non supera l'altra di due goal ben precisi (di nuovo, non ho capito il perché, comunque è così).

Vincemmo la prima partita per 11 a 8 nonostante alcuni brutti errori in difesa e in porta. Franco era fenomenale. Ogniqualvolta la pallina sfiorava uno dei suoi giocatori, faceva scattare il polso e in men che non si dica la palla finiva in porta. Non avevo mai visto una tale bravura a biliardino prima di allora. Realizzai in fretta che il mio obiettivo era assicurarmi che, quando colpivo la palla, doveva finire nelle mani di Franco.

La seconda partita fu vinta dagli avversari per 11 a 7. Vedevo che Franco stava diventando un po' più nervoso per la mia scarsezza, anche se ancora non mi aveva detto niente. Ma ciò stava per cambiare. La terza partita era cruciale, decisiva. Nel frattempo, una piccola folla di spettatori si era radunata intorno a noi, saranno stati in venti. Le grida di Franco avevano attirato l'attenzione generale.

Iniziammo la terza partita malamente. Stavamo perdendo alla grande. A questo punto Franco non si trattenne più e iniziò a urlarmi contro in sardo con parole che non capivo, ma immaginavo che fossero parole 'non molto carine'. Io sudavo come una bestia, il cuore a mille come se avessi corso 10km in mezz'ora. Avevo le palpitazioni, non mi ero mai sentito così nervoso in tutti gli anni di residenza in Sardegna. Dimenticatevi del lavoro, tre figli, le bollette o l'aver a che fare con la guida spericolata dei sardi. Questo era il vero stress.

Fortunatamente Franco riuscì a prendere in mano la situazione. Recuperammo arrivando a 9 a 7 per loro, poi a 10 a 8. Un altro goal dei nostri avversari e la partita era loro. Un altro goal e sarebbe finito tutto. Franco si agitava sempre di più.

Iniziai a bisbigliarmi: concentrati, Fraser, tieni gli occhi sulla palla. Non farli segnare. Non distrarti. Non so come feci, ma iniziai a parare qualche pallonata notevole. Franco continuò con la sua straordinaria abilità di segnare punti dal nulla, e arrivammo a 10 a 10. I prossimi due goal avrebbero stabilito i vincitori.

Mi guardai intorno. Adesso a guardarci c'era una folla di cinquanta o cento persone, alcuni in piedi, altri accomodati sulle sedie di plastica portate in oratorio per l'occasione. L'atmosfera era febbrile. Un gruppo tifava per noi, l'altro per i nostri avversari. C'era gente che mi indicava e diceva *"ma quello non è lo scozzese? Perché gioca?"*. Mi sa che sentii anche dire *"non male per uno straniero"*, ma probabilmente fu solo la mia immaginazione.

Segnammo un altro goal, eravamo undici pari. Subito dopo, Franco ne segnò altri due. La vittoria fu nostra. La folla di spettatori ci festeggiò alla grande. Franco si girò e mi abbracciò. Ce l'avevamo fatta, avevamo vinto. Non potevo crederci. Era la prima volta che mi sentivo così da anni. Ero pervaso da un gran sollievo. Luca arrivò da me, mi abbracciò e disse che era fiero di me. Non mi aveva mai detto niente del genere, prima d'ora. Nel frattempo, la gente si avvicinava per stringermi la mano. *"Bravo, bravo"*. Tutto questo per un gioco di biliardino in oratorio.

Quando arrivammo a casa, riflettemmo sulle partite (non riuscivo a smettere di parlarne).

Stefania mi spiegò che non era solo un gioco. Qui è una cosa seria. È importante, disse, non hai visto tutti quelli che guardavano? E poi disse che sicuramente in Scozia c'era qualcosa di simile. Ma cosa? Non riuscivo a rispondere. Onestamente, non me ne importava. Mi stavo godendo la mia gloria. Quand'è la prossima prima comunione?

CAPITOLO VENTISETTE

Controlli

In Italia si fanno regolarmente controlli e per uno scozzese è una cosa strana. La maggior parte di questi controlli sono per esser sicuri che tu sia chi dici di essere. Per legge, devi sempre portare con te un documento, di solito la carta d'identità o, se sei straniero e non ce l'hai, allora devi avere sempre con te il passaporto o la patente. Per i miei primi mesi qui (prima che avessi la carta d'identità), questo era qualcosa a cui non ero abituato, e mi si doveva ricordare continuamente di portarmi dietro il passaporto, anche se andavo solo al negozio all'angolo per un chilo di pane e una pinta (cioè, un litro) di latte.

È comune vedere i carabinieri in piedi fuori dalla loro macchina, a fermare le macchine che passano, per chiedere agli autisti i documenti. In Scozia non esistono questi tipi di controlli quindi come dicevo, per me, è una cosa strana. Mi hanno fermato cinque volte, e fortunatamente avevo tutti i documenti in regola (patente, libretto, assicurazione). Ma ci sono state molte occasioni in cui non avevo né patente né passaporto. Sono stato fortunato che quelle volte non mi hanno fermato.

Quando i carabinieri ti fermano, ti prendono i documenti e se li portano in macchina, dove stanno per dieci minuti buoni. Dio solo sa che cosa ci fanno. Forse controllano un database per verificare che non sia sulla lista nera dell'Interpol, non lo so. Poi te li ridanno e dicono *"grazie"*, come se non ci fosse stato nessun tipo di inconveniente a trattenerti per dieci minuti mentre ti chiedi cosa mai avrai fatto di male.

Mi interrogo sull'efficienza di questi controlli, visto che li fanno tanto spesso, forse beccheranno un sacco di gente che non è in regola. O forse non ha niente a che vedere con tutto ciò. Forse lo fanno solo per ammazzare il tempo.

Qualche anno fa andai in macchina da Brescia a Salò, su una strada disseminata da gallerie infinite, incredibilmente simile a *la strada nuova*, solo che ero in nord Italia. Non so cosa sia questa fissazione per le gallerie, agli italiani sembrano piacere molto. Forse è per la particolarità del territorio. Non trovano altro modo per circumnavigare gli ostacoli naturali, quindi li traforano.

Comunque, questo tragitto era parte del mio viaggio a Bressanone, dove c'era un convegno a cui andavo a partecipare. Bressanone, piccola e pittoresca cittadina del Trentino-Alto Adige, è a pochi chilometri dal confine con l'Austria. Infatti, quell'area della regione era territorio austriaco prima della Seconda guerra mondiale e fu annessa all'Italia nel piano di pace post-bellico.

Quindi, la maggior parte della gente del posto si considera austriaca più che italiana, e la lingua più parlata è il tedesco. Il risultato è che Bressanone sembra più teutonica che italiana, non solo per la lingua, ma anche per l'architettura e l'atmosfera che si respira. Completamente diversa dalla Sardegna, anche se nella stessa nazione. In effetti, Bressanone è il punto più lontano da Cagliari nei confini italiani, ma sempre in Italia si trova.

Mi è piaciuta tantissimo. È nelle Dolomiti, e i villaggi vicini sono spettacolari. Per arrivarci sono dovuto volare a Brescia e noleggiare una macchina, guidando per chilometri costeggiando il lago di Garda. Come ho detto, la strada da Brescia a Salò aveva molti tunnel. Ma nonostante ciò, ebbi l'occasione di godere di viste spettacolari, tra le più belle d'Italia. Era tutto verde e montuoso, con fiumi, laghi, alberi e cascate. Mi ricordava le Highlands scozzesi e mi sentivo a casa. Mi godetti davvero il viaggio, anche perché, oltre alle viste spettacolari, fui distratto da un qualcosa che mi fece ridere; una disgrazia altrui, in altre parole un episodio di *schadenfreude*[8] (d'altronde ero nella parte germanofona d'Italia).

All'inizio del viaggio, notai una piccola Fiat 500, e intendo una Cinquecento originale, non la versione aggiornata e imbastardita che è venuta fuori negli anni '80, che non ha niente a che fare con quella originale tranne che per il nome.

Non sono mai stato interessato alle macchine, anzi a dire il vero non so nulla di macchine e automobili. Se qualcuno mi chiede di descrivere una macchina, di solito rispondo di che colore è, e basta. Tuttavia, so riconoscere la bellezza della vecchia Fiat 500, e apprezzarne l'unicità. È l'archetipo dello stile.

Comunque, dopo che vidi questo gioiellino, ne notai un altro, e poi un altro ancora. Alla fine, vidi che erano circa un centinaio su cinque chilometri di strada vuota, un lungo serpente di 500. Praticamente, era uno di quegli eventi domenicali in cui gli amanti delle auto decidono di radunarsi e spostarsi in convoglio (o carovana) da un punto A a un punto B. Come ho già detto, gli italiani amano spostarsi in convoglio (capitolo 23).

Ad un certo punto però vidi un posto di blocco dei carabinieri. Devo dire altro? Sì, i bastardi (o maestri della comicità, dipende dai punti di vista)

---

[8] Schadenfraude: ridere delle sfortune degli altri, in tedesco

avevano deciso di fermare un pezzo del convoglio per un controllo di routine.

Ciò mise tutto il convoglio in crisi. Che cosa facciamo? Ci fermiamo e aspettiamo? Continuiamo e speriamo che ci raggiunga? Sapevano benissimo che l'ultima opzione sarebbe stata sciocca, il convoglio era compatto, e questi controlli durano anche fino a un quarto d'ora. Dallo specchietto retrovisore vidi che tutti si accingevano ad accostarsi. Devono aver occupato almeno due chilometri di strada e aver fatto un gran casino, come se non fossero in autostrada.

Continuai a guidare, ridacchiando come un ragazzino a immaginarmi la scena di quando avrebbero provato a rimettersi in viaggio. Pensai che avrebbero dovuto aspettare un'improbabile quantità di tempo in mezzo al traffico prima di poter tornare all'originale e compatto convoglio. Iniziai a vedermeli ancora lì di notte, immersi nel buio. *"Coraggio compagni, questa volta possiamo farcela!"*. Deve proprio essere stata una lunga giornata per loro. E tutto per colpa dei carabinieri.

Come ho accennato prima, non sono proprio sicurissimo sulle differenze tra polizia e carabinieri, e vorrei non aver detto che avrei provato a distinguerli. Ma neanche gli italiani lo sanno proprio benissimo. Credo che la differenza sostanziale sia che i carabinieri fanno parte del corpo militare, e la polizia di quello statale. Ma al di là di ciò, hanno sostanzialmente lo stesso ruolo: proteggere il paese. E ciò significa che spesso si sovrappongono tra loro. Ad esempio, investigando entrambi sulla stessa tipologia di caso.

Un'altra cosa che ho sentito è che, se scappi da polizia o carabinieri, i primi ti inseguono, gli ultimi ti sparano. Credo – e ribadisco credo - che fosse uno scherzo. Infatti, i carabinieri sono famosi soprattutto per le barzellette, come sono da noi gli irlandesi e i calciatori famosi[9]. E devo ammettere che a volte mi sono ammazzato dalle risate quando mi hanno raccontato delle barzellette sui carabinieri. Di solito rido più forte degli altri, così da confermare che ho capito la battuta pur essendo straniero.

L'altro controllo è relativo alla residenza (dove dichiari di vivere). In pratica, se dichiari di vivere in via Roma 48, gli ispettori verranno senza preavviso un giorno per vedere se hai detto la verità. Se sei uscito un attimo, ma magari tardi perché sei stato fermato dai carabinieri, non importa. Ripasseranno.

Mi chiedo quanto si spende per questo genere di cose. Devono servire a qualcosa, ma non sono convinto che ne valga la pena. Stefania ha vissuto in Scozia per più di dieci anni e non ha mai avuto bisogno di dichiarare ufficialmente la sua residenza. Poteva lavorare, aprire un conto in banca, votare, e fare tanto altro senza dover formalmente attestare che era residente in Scozia, e

---

[9] Noi abbiamo David Beckham, in Italia Francesco Totti, sbeffeggiati allo stesso modo e ingiustamente entrambi.

nessuno è mai venuto ad assicurarsene. Invece, io non ho potuto far niente di tutto ciò finché non ho dichiarato la mia residenza, provato di essere semi-ricco (capitolo 16 - allerta sarcasmo) e aspettato finché non hanno avuto prova che fosse tutto vero.

Ogni tanto sento che mi stanno prendendo in giro con tutti questi controlli. L'Italia adora un po' di sano *schadenfreude*. Per quanto ho visto, piace soprattutto ai carabinieri, ma forse è una rivincita per tutte le barzellette di cui sono protagonisti. Devo solo farmene una ragione e accettare il fatto che sono geni della comicità.

CAPITOLO VENTOTTO

Birra, pizza e caffè

Come molti miei compatrioti, mi piace bere. Non posso negarlo. Quindi, è stato un piacere esplorare le varie bevande che la Sardegna offre.

Probabilmente il più distintivo dei liquori sardi è il mirto, da consumare come ammazzacaffè. È molto dolce, e scivola giù facilmente. Troppo facilmente. È capitato che io e Flavio ce ne facessimo fuori quasi una bottiglia in una sera, per poi soffrire la mattina dopo. Senza la leggendaria Irn Bru scozzese[10] come cura del post-sbronza.

Ci sono anche delle birre buone, la più famosa è l'Ichnusa, chiamata così perché Ichnusa è il nome nuragico dell'isola, intorno al 2000 ac. Vuol dire "impronta". La leggenda dice che la Sardegna è l'impronta che lasciò Dio col piede tra l'Europa e l'Africa. La birra in questione è leggera, e se ne trova dappertutto, alla spina e in bottiglia. Ne bevo tantissima. Tanto per sostenere l'economia locale.

E anche le birre artigianali sono deliziose. Il Birrificio di Cagliari è situato in una zona non salubre dei sobborghi, nella zona industriale, ma la birra che fanno lì è freschissima e deliziosa. E si può anche mangiare. Ma è essenziale prenotare in anticipo, visto che è sempre strapieno.

Bisogna stare attenti alla terminologia quando si ordina una birra alla spina. Io sono abituato a prenderne una pinta (circa 0,40 litri) o, in certe occasioni, la mezza pinta (circa 0,20 litri). Quindi ho dovuto imparare bene il sistema metrico per quando ordino la birra qui in Sardegna. Ed è difficile anche per gli italiani all'estero: Stefania si ricorda ancora della prima volta che mise piede in un pub in Scozia. Voleva una piccola birra chiara, ma tradusse direttamente dall'italiano e chiese una "*clear zero twenty*". Il barista non aveva idea di cosa

---

[10]Irn Bru è una bevanda che si trova solo in Scozia: piena di zucchero e con un gusto particolare. Noi scozzesi crediamo che possa aiutare il recupero dopo una lunga nottata di alcol

stesse chiedendo, e si convinse di essere la vittima di un elaborato scherzo studentesco. Le parole sono importanti. Questa è una cosa seria.

Come ho detto in un altro capitolo, in Scozia abbiamo più la cultura del bere che del mangiare, a differenza di ciò di cui ho esperienza qui in Italia. Mentre anche gli italiani bevono, c'è da dire che il bere è spesso accompagnato al mangiare. E il risultato è che probabilmente loro non bevono quanto noi.

La prima volta che andai a trovare Stefania, uscimmo con dei suoi amici al bar. Ordinammo delle birre e, mentre una mezz'ora dopo io avevo finito diligentemente la mia *zero quaranta*, mi guardai intorno e vidi che gli altri avevano ancora il boccale più che mezzo pieno. Non sapevo cosa fare. Chiesi al tizio a fianco a me, che parlava un buon inglese, di chi fosse il turno. Mi guardò stupito, *"turno di cosa?"*. Il concetto di "giro di birre" non ce l'avevano. Le loro birre durarono quasi tutta la notte. Ora capisco il significato di "uscire a bere UNA birra. Mentre noi, in Scozia, non ci alziamo finché ciascuno non ha comprato una birra per tutti, anche se si è in dieci. Mi ricordo la prima volta che Stefania uscì con i miei amici in Scozia, non credette ai suoi occhi quando vide il tavolo al pub completamente coperto di bicchieri vuoti, nonostante fosse ancora l'inizio della serata.

In effetti, quando noi in Scozia diciamo *"ci vediamo per una birra"*, qui ho notato che usano *"ci vediamo per una pizza"* perché, appunto, il cibo rimpiazza il bere come mezzo di ritrovo sociale. È quindi comunissimo che alla fine dell'anno scolastico si organizzi una pizzata a cui partecipano alunni, insegnanti e genitori. Ma non è solo una questione scolastica: c'è la pizzata della squadra di basket, degli scout, dell'azienda, e tante altre ancora. L'estate scorsa siamo andati a otto pizzate, e abbiamo anche declinato alcuni inviti.

Non mi lamento, ovviamente. La qualità della pizza italiana è superiore, e le pizzerie proliferano (anche se nella mia modestissima opinione la miglior pizza di Cagliari è quella de L'Oca Bianca, in via Napoli), un po' come da noi i negozi di fish and chips.

C'è da dire che il cibo takeaway in Scozia ha una vasta scelta. Negli ultimi tempi, oltre ai classici *chip shops* si sono aggiunti takeaway cinesi, indiani, giapponesi, tailandesi e messicani, per citarne qualcuno. Ma in Italia rimangono fedeli alla tradizione, e le città sono cosparse di pizzerie. Ci sono pochi ristoranti stranieri. Non dico che non ce ne sono affatto, ma sono pochi, almeno rispetto a quanti ce ne sono in Scozia. Pare, almeno per il momento, che gli italiani preferiscano la loro cucina prima di espandersi a quelle straniere.

Oltre alle pizzerie, è pieno di panifici. Gli italiani amano il pane, secondo me di più rispetto a noi scozzesi. Noi non abbiamo il concetto del panificio. In Sardegna, il pane non manca mai a tavola, quindi c'è l'abitudine di andare ogni giorno al panificio. Quando vivevamo sopra i Rossi, c'era un panificio a cento metri da casa: una goduria. Ci andavo ogni mattina e compravo del pane caldo e profumato. Era talmente irresistibile che mi facevo fuori uno o due panini mentre tornavo a casa (però non ditelo a Stefania). C'è da dire che se un panificio è come si deve, il pane lo faranno nel forno del retrobottega. Sennò diventa un semplice *negozio del pane*.

In Scozia mangiamo una varietà di pane a fette che dura qualche giorno. Diciamo che è più o meno come il benedetto 'American Sandwich Bread' che si trova al supermercato qui in Sardegna, solo che quello scozzese è fresco. Quello che fanno gli italiani della varietà di pane a fette scozzese, lo sa solo Dio. Anzi, lo so anch'io: lo profanano. Il pane a fette venduto qui scade dopo due o tre mesi, è disgustoso e anche caro. Metà filone (rispetto al nostro) costa un euro e venticinque: un furto.

Un'altra cosa senza la quale gli italiani non sopravvivono è il caffè. Come saprete, come bevono il caffè qui (espresso, e in tazzina) è completamente diverso dalle grandi tazze fumanti colme di diversi tipi di caffè a cui siamo abituati noi scozzesi. La cosa in Scozia sta cambiando, adesso bere un espresso o un macchiato è diventato più comune, ma di certo non lo era vent'anni fa.

Quando conobbi Stefania, non avevo idea di cosa fosse un espresso (ricordatevi che sono cresciuto a Kilmarnock, una piccola città nel sud-ovest della Scozia). Comunque, al nostro primo appuntamento, dopo qualche *"clear zero twenty"* al pub, Stefania mi invitò a prendere un caffè da lei. Con mio gran disappunto, intendeva davvero andare in cucina e prepararlo.

Il problema era che eravamo in Gran Bretagna a metà anni '90. Il concetto di "caffè espresso" ancora non c'era. Stefania si era debitamente portata la caffettiera da Cagliari, ma non aveva le tazzine, pensando che magari le avrebbero fornite alla casa degli studenti, ma invece no. C'erano solo quelle grandi tazze da tè come usiamo noi in Scozia. Quindi versò una misura di espresso preparato con la moka in due grandi tazze da tè. Sembrava assurdo, almeno ai miei occhi.

Quando tornò in salotto e mi porse il mio espresso, esplosi. Probabilmente era la tensione del primo appuntamento. O solo imperdonabile ignoranza in materia di caffè. *"MA CHE ROBA È?" dissi "È UNO SCHERZO O COSA?"*. Mi guardò, stupita. *"Ma no, cosa dici?"*.

"SIAMO IN TEMPO DI GUERRA? DANNO LE RAZIONI?" chiesi stupidamente, confermando il suo sospetto di essere uscita con un troglodita. *"No, è caffè italiano"*, rispose con calma, pensando a un modo per sbattermi fuori senza fare una scenata.

Fortunatamente, la risolvemmo. Confessai la mia imperdonabile ignoranza, e andammo oltre. Ma l'episodio mi fece pensare alle differenze culturali. Ad esempio, io sono un amante del whisky di malto. E quando vedo le persone mischiarlo con l'acqua (accetto due gocce, ma due contate) o, Dio non voglia, limonata o cola, probabilmente quello che sento è lo stesso sentimento che provano gli italiani quando vedono qualcuno bere caffè istantaneo. È sbagliato. Rovina tutto.

Come già detto, le cose ora son cambiate. La proliferazione di caffetterie in Scozia fa sì che adesso la gente è molto più consapevole delle gioie del caffè, del cappuccino, e di tutto il resto. Ma c'è una differenza fondamentale: qui in Sardegna non c'è Starbucks, Costa o Caffè Nero. Ogni bar è indipendente, ognuno ha una sua identità. Le catene di caffetterie hanno provato a insinuarsi nel mercato italiano, ma hanno fallito miseramente. I sardi non si fidano. Preferiscono andare nei loro bar, dove conoscono lo staff e il caffè viene servito in tazzine in ceramica, anziché in una tazza di carta col loro nome scritto col pennarello.

Inoltre, agli italiani piace il caffè forte, dal gusto deciso. D'altronde, per buona parte dell'anno fa troppo caldo per bere un intero tazzone di caffè bollente. Vogliono che scenda giù in fretta e facilmente, senza dover sudare per dieci minuti buoni. Ha senso. Io adoro il tè ma, da maggio a ottobre, non lo bevo. Fa davvero troppo caldo. Quindi bevo il mio espresso preparato con la caffettiera. Ma lo verso in una grande tazza da tè, giusto per ricordare i vecchi tempi.

CAPITOLO VENTINOVE

Salute!

I sardi (o forse si può dire gli italiani) sono fissati con la salute. Sono anche parecchio noti per il loro candore nel raccontare agli altri ciò che li affligge. Non c'è dubbio che la salute sia importantissima qui. Ogni agglomerato umano che si riunisce per una birra (una sola, eh), brinderà con "salute!". Certo, lo facciamo anche noi, ma non tanto spesso. Preferiamo un insignificante *"Cheers"* annegato immediatamente nella pinta che va giù prima di aver finito di brindare.

Gli italiani parlano costantemente del loro stato di salute, anche con virtuali sconosciuti, come facciamo noi col tempo. Ad esempio, stai aspettando l'autobus e la signora a fianco a te comincerà a raccontarti del suo alluce valgo. E l'altra cosa che fanno, che può risultare piuttosto irritante, è provare a offrirti il loro consiglio su qualunque problema di salute tu abbia. Ti offrono un rimedio miracoloso o, peggio, ti chiedono di fargli vedere quello che ti affligge, così che possano farti una completa consulenza medica.

Ma quello che spaventa di più gli italiani è prendere *un colpo d'aria*. Lo senti dappertutto. Ad esempio, se ti sembra che un tuo conoscente sia un po' sottotono, e gli chiedi cos'ha, nove volte su dieci ti risponderà *"ieri sera sono uscito e ho preso un colpo d'aria"*. Nei parchi, senti i genitori urlare ai figli *"vieni qui Francesco e mettiti la felpa, che prendi un colpo d'aria!"*

Ma che cos'è esattamente questo misterioso *colpo d'aria*? Suona orribile, e gli italiani lo temono come la morte. Ho chiesto a Stefania. Lei mi rispose *"È come lo dicono...un colpo di aria fresca...il vento"*. Cavolo, mi sono detto. Come possono avere così tanto paura del vento. Dovrebbero venire a Edimburgo per un paio di settimane per capire com'è. Quindi per combatterlo indossano la *maglia della salute*. Una canottiera. Se non la indossi, il colpo d'aria te lo stai andando a cercare. Almeno così dicono. Io non porto la canottiera. Non so perché esattamente, ma credo che sia perché l'associo ai vecchietti. Proprio non mi va di portarla. Gli italiani, o almeno i signori di una certa età e i bambini, la portano sempre. E intendo sempre.

L'altro giorno ho conosciuto un signore, probabilmente sulla settantina, che ha attaccato bottone con me al supermercato. Di recente ha fatto molto caldo, la temperatura ha raggiunto i quaranta gradi. Dopo uno scambio di battute sul caldo, ha iniziato a raccontarmi di un suo amico che si è ricavato una casetta in una grotta del centro Sardegna, dove va ogni anno da luglio a settembre per evitare il caldo.

L'amabile signore mi diceva che vorrebbe fare lo stesso, anche lui trova il caldo cagliaritano insopportabile. Ha iniziato a descrivere nel dettaglio come renderebbe la grotta abitabile. Il monologo stava durando parecchio, e io stavo iniziando a deconcentrarmi. A questo punto ho notato che il signore aveva una maglia della salute sotto la camicia, scarpe chiuse e pantaloni lunghi. Per contro, io avevo pantaloni corti, una maglietta a maniche corte, e i sandali.

Sentivo che dovevo interromperlo. *"Senti, amico mio - ho detto – è tutto molto bello, e le tue intenzioni di trasferirti in una grotta sono onorabilissime. Ma che cavolo, potresti evitare di metterti la canottiera quando ti vesti la mattina? E magari indossare un paio di pantaloni corti? Noterai quanto è d'aiuto, e senz'altro più semplice che lasciare la città per andare a fare il cavernicolo. Vecchio rincoglionito"*.

In realtà non ho detto l'ultima parte. Beh, neanche la prima. E nemmeno quella di mezzo. Ho solo annuito e fatto finta di ascoltare. Ma tutte quelle cose le ho pensate. E alla fine della conversazione (o meglio, del monologo) gli ho augurato tutto il meglio, mentre me lo immaginavo che vestito di tutto punto com'era, non avrebbe fatto differenza stare a Cagliari o nella grotta.

Al mare, la regola generale è di aspettare almeno due ore dopo pranzo (Stefania pensa che non sia neanche abbastanza) prima di tornare a fare il bagno. Gli italiani hanno tanta paura di una congestione quanto di un colpo d'aria. Quindi, devo vedermela con tre bambini frustrati che mi chiedono ogni cinque minuti *"posso entrare adesso?"*, domanda solitamente seguita dalla mia risposta *"mamma sta guardando?"*, che sanno essere il codice segreto per prendere la decisione.

Un altro tratto distintivo dell'ossessione per la salute è che, per praticare un qualunque sport, devi farti fare una visita medica per assicurarti che tu sia abbastanza sano per lo sport che hai deciso di fare. È la stessa cosa che tu sia un bambino o un adulto di tutte le età. Quando Finn aveva cinque anni, volevamo fargli fare un paio di lezioni di nuoto di prova per vedere se gli piacesse. Ma non poteva, senza presentare l'adeguato certificato medico.

Quando dico "adeguato certificato medico", quello che intendo è che, a seconda dello sport e del livello del suddetto, avrai bisogno di un certificato che ti permetta di giocare a livello agonistico o non-agonistico. In Scozia, non esiste. Si può giocare tranquillamente a quello che vuoi, a un livello che preferisci e non importa quanti anni hai. Qui in

Sardegna, io gioco a calcio ogni settimana, anche nei tornei, quindi ho bisogno di un certificato medico per lo sport agonistico. Stefania va a pilates due volte alla settimana, quindi un "certificato non-agonistico" è sufficiente, ed è meno complicato da ottenere. È raro che non ti diano un certificato di questo tipo, a meno che non abbia problemi grossi al cuore, ad esempio. Comunque, vi ho reso l'idea.

Il certificato per fare sport a livello agonistico richiede molti più test, tra cui fare cyclette per un quarto d'ora con un sacco di fili attaccati al petto. Sei nudo dalla cintola in su. Ti viene richiesto di portare un asciugamano, perché suderai parecchio mentre testano i tuoi limiti (ad esempio, ti mettono a fare l'equivalente della pedalata in salita per alcuni minuti). Una volta che hai superato tutto ciò, lo specialista ti marcherà (si spera) come sano e in forma, e sei libero di fare tutto lo sport che vuoi. Mentre lui intasca i soldi piegato in due dal ridere.

Una delle colleghe più anziane di Stefania, tale Elisabetta, da poco ha fatto la visita per ottenere il certificato medico di cui aveva bisogno per iscriversi a pilates e provare a liberarsi dei chili di troppo. Elisabetta è alta quasi due metri, un donnone. Quando ha iniziato a interessarsi al pilates stava per andare in pensione, e non aveva mai fatto troppo esercizio. Nonostante il fatto che il certificato non-agonistico sarebbe stato abbastanza, un'amica le aveva consigliato di richiedere quello agonistico, perché la visita è più approfondita, e magari sarebbe stata una buona idea per chi doveva iniziare a fare esercizio regolarmente.

Quando Elisabetta arrivò alla clinica sportiva, disse alla receptionist il motivo per cui era arrivata. La signorina la guardò e disse: *"ma ne è sicura, signora? Voleva dire "non-agonistico?"* Elisabetta, vagamente offesa da questa ragazza in forma, si impuntò ancora di più: *"no, sono qui proprio per un certificato agonistico"*.

Mentre la gente in ambulatorio cominciava a interessarsi alla vicenda, la receptionist chiamò qualcuno: *"Stefano!"* urlò girandosi, *"puoi venire un attimo? C'è qui una signora che dice di voler fare una visita per un certificato agonistico!"* Stefano, il medico sportivo, ridacchiò sotto i baffi nel guardare Elisabetta. *"Lo sa, signora, cosa comporta la visita?"*, *"certo che lo so"*, mentì lei. Non si era informata, in realtà, sapeva solo che era una visita approfondita. Non sapeva quello che l'aspettava.

Per farla breve, Elisabetta fu sistemata sulla cyclette, spogliata (solo con il reggiseno normale, neanche con quello sportivo), e messa a pedalare. Dopo cinque minuti di sbuffi e affanno, decise che ne aveva fatto a sufficienza. Il medico non poteva farle il certificato, né agonistico né non-agonistico. Il pilates avrebbe aspettato.

La cosa divertente è che mentre gli italiani sono ossessionati dalla salute e prendono queste cose molto seriamente, sono meno inclini a parlare di soldi, esattamente l'opposto di noi scozzesi. Molti di noi ti diranno tranquillamente quanto hanno speso per questo o quello, compresa macchina e casa, magari ti dicono anche quanto guadagnano, qualcosa che qui non succede praticamente mai. È più facile conoscere i problemi di salute del tuo vicino, che quanto guadagna in un anno.

Stefania una volta mi ha detto che trova notevole che quasi tutti i suoi conoscenti scozzesi muniti di lavoro e stipendio decenti, si adoperano per sottolineare che vengono da un ambiente modesto o che sono cresciuti in una casa popolare. Una cosa di cui non si parlerebbe così apertamente in Sardegna: nessuno ammette di venire da un contesto proletario, anche se corrisponde al vero, e anche se sono saliti sulla scala sociale.

Mi ricordo di una discussione con Signor Rossi una volta che ero sceso per pagare l'affitto: parlavamo se Stefania sarebbe tornata presto al lavoro dopo la nascita di Finn. Gli dissi la verità, cioè che prima di decidere dovevamo vedere se mi avrebbero rinnovato il contratto all'università. Se così non fosse stato, non avremmo potuto permetterci che Stefania prolungasse il suo congedo di maternità. Dalla faccia del Signor Rossi, sembrava che avessi appena condiviso informazioni intime e dettagliate riguardo un bozzo che mi era spuntato di recente sul testicolo sinistro. Ma se lo avessi fatto, si sarebbe sicuramente sentito più a suo agio. E magari avrebbe anche chiesto di dare un'occhiata. Giusto per vedere se potesse darmi un consiglio in proposito.

CAPITOLO TRENTA

Festa!

L' ho già scritto perché è vero: ai sardi piace festeggiare. Compleanni, battesimi, prime comunioni, cresime, santi, sagre. Qualunque cosa sia, la si festeggia. Come ho detto nel capitolo 13, le domeniche sono segnate come "festa" nei calendari. E si fanno un sacco di preparativi, specie per quanto riguarda il cibo, più che le bevande.

Mi ricordo vividamente di vent'anni fa, quando visitai Cagliari per la prima volta, e il mucchio di preparativi per il "menu" della festa di Capodanno con gli amici di Stefania. La sera prima, tutti gli amici che dovevano partecipare, si ritrovarono a casa di Stefania per discutere di cosa portare il giorno dopo per preparare le varie pietanze. La discussione andava avanti con opinioni discordanti e ad un certo punto la situazione stava precipitando a tal punto che pensavo sarebbero passati alla lite. Eravamo tutti ventenni allora, ma nessuno discusse così a lungo riguardo l'alcool da acquistare per il giorno dopo.

I sardi hanno una grande passione per il cibo, quindi non è facile mettere d'accordo dodici persone su cosa cucinare per un'occasione speciale. La cosa che succede più spesso in una situazione simile, quando ognuno ha un'opinione fervente, è che si parla tutti insieme. Non vengono applicate le normali regole di conversazione civile (parlo io, tu ascolti, parli tu, ascolto io). Sarebbe bello, ma per loro è impossibile. Mi ricordo che mi alzai per guardare la scena da lontano.

Tutti e undici sedevano al tavolo della cucina e parlavano simultaneamente. Ognuno di loro voleva far valere la propria opinione su quelle altrui, e pareva che il modo migliore fosse alzare la voce più di tutti. Mentre me ne stavo in disparte, pensai "se parlano tutti insieme, chi sta veramente ascoltando?". E infatti, il mio unico contributo alla discussione, "*non possiamo comprare qualche bistecca e basta, porca miseria?*" fu completamente ignorato, ma mi succede abbastanza spesso.

Capodanno è una grande festa, come in Scozia, ed è anche l'occasione in cui si può star certi che ci saranno i fuochi d'artificio. Il mio primo Capodanno sardo si tenne a casa di Flavio, al centro di Cagliari. Dopo un pasto sontuoso, per cui era effettivamente valsa la pena di litigare, a mezzanotte partirono i fuochi. Tutta Cagliari si godeva la scena dai balconi con in mano bicchieri di spumante, gridando auguri di buon anno.

L'unica cosa che si aggiunse all'atmosfera fu il rumore assordante di tutti gli antifurto delle macchine che scattarono simultaneamente, innescate dal rumore dei fuochi d'artificio. Suggerii agli altri ospiti che magari i proprietari di quelle auto, sapendo che ciò succedeva ogni anno, potevano disattivare i loro allarmi per almeno una notte l'anno. Ma nuovamente, il mio suggerimento cadde nel vuoto.

O forse non mi risposero per il semplice motivo che non mi avevano sentito, visto il casino. In realtà mi sto illudendo. La verità è che avevano deciso di ignorare il tedioso straniero che era evidentemente incapace di esprimersi in italiano.

La cosa che ho imparato quella sera è che quando dai una festa in Sardegna, devi far di tutto per preparare una cena da consumare seduti. Il concetto di "buffet" o "cocktail party" qui non c'è e basta. Non importa se gli ospiti sono pochi o molti, che sia un Capodanno tra dodici amici o una prima comunione con cinquanta persone e tutto il parentado. Si devono far sedere gli ospiti e servire un pasto da cinque portate, come ai matrimoni.

Il numero delle ore che si impiegano nell'organizzazione di tali eventi, sia nella preparazione che nell'ospitare, è inimmaginabile alle menti scozzesi. Di recente siamo andati a una festa di cresima per il figlio di uno dei diciassette cugini di Stefania (il numero di inviti che riceviamo è direttamente proporzionale al numero di familiari che abbiamo. Non sono abituato – in Scozia ho tre cugini e basta).

Il cugino di Stefania e la moglie vivono in una villetta la cui cantina fu trasformata per l'occasione in un ristorante in cui entravano comodamente quindici tavoli. Ci saranno stati sessanta o settanta invitati a questa festa. È stato incredibile. Dopo che ho chiesto come avessero fatto, mi hanno risposto che il cugino di Stefania e la moglie fanno parte di una specie di cooperativa di amici e vicini che si aiutano in situazioni come queste: preparano e servono il cibo come se fossero al ristorante, e si ricambia il favore all'occasione.

Se sei invitato a una festa in Scozia, cosa regali al festeggiato? Una torta, dei cioccolatini, magari una bottiglia di vino. Forse anche un mazzo di fiori. Invece, qui in Sardegna, ho notato che c'è più flessibilità sull'offerta che puoi fare.

Quando io e Stefania ci sposammo, un grosso gruppo di amici miei venne in Sardegna e affittò un paio di villette lungo la costa. Nella settimana che precedeva il matrimonio, decisero di dare una festa e invitare anche Sara e Flavio, come sorella e cognato della sposa. Flavio si presentò con un'enorme busta di pomodori come regalo per i miei amici, circa tre chili, come ringraziamento per l'invito. Un regalo considerevole, che avrebbe potuto sfamare dieci persone per una settimana. Tuttavia, dalla loro reazione si poteva benissimo pensare che li avesse regalato tre chili di sterco di cavallo. E in realtà sarebbe stato più utile, considerando le loro abitudini alimentari. *"Dove sono le birre?"* sentii chiedere.

Sedici anni dopo ne parlano ancora, pensano che sia la cosa più buffa ed eccentrica che abbiano mai visto, mentre per i sardi è perfettamente normale. Specialmente se ciò che porti è stato coltivato da te. Infatti, è visto come un atto di generosità. Alcuni dei miei amici mi chiedono ancora *"come sta Flavio? E i suoi pomodori?"*. Sembra che pensino che Flavio non fa altro che presentarsi a casa d'altri elargendo pomodori.

Credo che ciò sottolinei la diversa attitudine al cibo tra sardi e scozzesi. Quando dico ai miei amici sardi cosa mi è successo in un ristorante in Scozia, non mi credono. E non mi credono neanche i miei amici scozzesi, figuratevi.

Eravamo in vacanza in un villaggio nel Perthshire, non molto lontano dal lago di Loch Ness. Il villaggio aveva un negozio, un ufficio postale e un tipo di caffetteria, tutti nello stesso edificio. Un giorno decidemmo di pranzare alla suddetta caffetteria visto che eravamo stati in giro tutta la mattina, e anche perché volevamo sostenere l'economia locale (traduzione: non avevamo voglia di cucinare).

Dopo aver dato un'occhiata al menù, decisi di prendere la zuppa del giorno. Mi piacciono le zuppe, soprattutto se fatte in casa. La cameriera mi chiese che tipo di zuppa volessi. Un po' confuso, domandai se quel giorno il cuoco avesse preparato più di una zuppa. *"No"*, disse lei *"deve andare al negozio a fianco e sceglierne una in lattina, poi noi gliela scaldiamo"*. Inorridito, decisi che avrei preso solo un tè e un biscotto. *"Nessun problema"*, rispose lei. Me ne andai da quel posto col resto del pacco di biscotti che avevo dovuto acquistare al negozio a fianco. Di certo era un catering originale.

Nonostante il progresso in Scozia degli ultimi anni, e nonostante sia molto ingiusto generalizzare (ma io lo faccio lo stesso), è ancora innegabile che ci siano due prospettive completamente diverse nel cucinare e nell'apprezzare il buon vino. Ricordo di aver letto dell'esperienza dello chef Jamie Oliver nel sud Italia, e del suo stupore nell'apprendere che anche i bambini sapevano la differenza tra le varie carni, e quali fossero le più buone. Nel contesto della campagna di Oliver per incoraggiare i britannici a cucinare di più, c'era un articolo su un ragazzo inglese che sosteneva che cucinare, o preparare un pasto qualunque, era un puro spreco di tempo. Spiegava che lui andava al supermarket, prendeva una pizza, e la schiaffava al microonde. Qui in Sardegna sarebbe un sacrilegio. L'abitudine (specie tra gli studenti, ne fui colpevole anch'io) di farsi i noodles istantanei o dei fagioli in scatola per cena qui non verrebbe considerata neanche per un nanosecondo. Non è un'opzione. Punto.

L'altra cosa che ho notato è che spesso feste e occasioni sono organizzate all'improvviso. Non è raro incontrare al parco un amico che non vedi da tanto, e dopo aver scambiato due chiacchiere decidere di cenare insieme quella sera, o pianificare qualcosa per il giorno dopo, magari una gita in agriturismo. Questo in Scozia non succederebbe mai, almeno a me non è mai successo. Di solito si deve programmare un evento sociale con circa tre mesi di anticipo. Inoltre, devi sempre fare i conti col tempo che farà quel giorno. In Sardegna no. Se programmi un barbecue, il barbecue si fa.

Molti anni fa facemmo un barbecue a Edimburgo, perseverai anche se pioveva a dirotto. Alla fine, dovetti chiedere a Stefania di uscire e reggermi l'ombrello mentre gli ospiti aspettavano le salsicce alla pioggia in casa. Pensai *"ma perché sto facendo questo? Che senso ha?"*. Sono sicuro di non essere stato il primo scozzese a misurarsi con una situazione del genere. Avrebbe avuto più senso cucinare la carne in casa, ma c'era una parte di me stoica e testarda che mi diceva *"hai invitato i tuoi amici a un barbecue, e avranno un barbecue"*, anche se nel frattempo cedevo all'ipotermia. Se solo avessi saputo allora della maglia della salute.

CAPITOLO TRENTUNO

Raccomandazioni

N on è facile trovare lavoro in Italia, soprattutto al sud (Sardegna compresa). Il sogno di tanti resta sempre il posto fisso, preferibilmente nel settore pubblico. Tanti lavoratori passano da un contratto a tempo determinato all'altro, cercando invano il Sacro Graal del tempo indeterminato. Un paio di anni fa mi ricordo quando uscì un film a riguardo, intitolato *Quo Vado*, del noto comico Checco Zalone. Una commedia divertente.

Ma è una cosa seria. Uno dei più grandi ostacoli che il cittadino comune si trova davanti nella ricerca del posto fisso è la cultura delle raccomandazioni. In altre parole, che qualcuno, spesso un familiare, raccomandi qualcuno per un lavoro, anche se il suddetto qualcuno non ha le competenze necessarie. Si sentono storie di tutti i tipi sulle raccomandazioni, e anche spesso. Tutti hanno una storia da raccontare. Ho sentito di grosse organizzazioni private che assumevano il figlio di qualcuno quando questo doveva andare in pensione, in cambio della rinuncia al pagamento forfettario che gli spettava. Anche se il figlio o la figlia in questione non hanno le abilità necessarie, anche se ci sarebbe qualcuno più qualificato, ciò fa risparmiare alla compagnia. E tutti ne beneficiano, quindi che problema c'è?

Gli italiani hanno un sacco di barzellette sulla corruzione che viaggia di pari passo con le raccomandazioni. Ne ho sentita una da poco su un sindaco che deve decidere a chi affidare l'imbiancamento del municipio. Un imbianchino tedesco fa un preventivo da tremila euro, un francese seimila, e un italiano novemila. Il sindaco li chiama individualmente per presentare il progetto. Il tedesco spiega che ha un particolare tipo di tinta che richiede solo una mano, quindi non chiede più di tremila. Il francese spiega che il municipio ha bisogno di più passate, e che si sente in dovere di pagare il suo staff il tanto giusto, quindi seimila. Alla fine, entra l'italiano. *"Ma ci devi pensare ancora per molto?"* chiede al sindaco, con cui si conoscono da bambini: *"È ovvio che il mio prezzo è il migliore: tremila per me, tremila per te, e tremila per il tedesco che fa il lavoro"*.

Ovviamente c'è poco da ridere. Una cara amica di Stefania è stata vittima delle raccomandazioni in una delle più note università d'Italia. Aveva passato diversi anni a lavorare sotto svariati contratti a tempo determinato come ricercatrice, insegnante e così via. Aveva lavorato sodo e aveva da parte un curriculum bello solido, con un sacco di pubblicazioni, conferenze internazionali e via dicendo. Infine, ci fu la possibilità di ottenere un posto fisso all'università, proprio nel suo campo. Non c'era nessun altro che poteva competere con il suo background. Due settimane prima del colloquio, una professoressa dell'università la chiamò nel suo ufficio e le disse di sedersi. *"Mi dispiace molto, Daniela"*, disse, *"ma c'è una raccomandata per questa posizione"*. A Daniela cadde il mondo addosso, sapeva benissimo cosa volesse dire. Dopo aver lavorato per quasi dieci anni, sapeva che non c'era alcun modo di ottenere il posto. Si presentò debitamente al colloquio, ma la storia finì come lei si aspettava: qualcun altro, sbucato dal nulla, aveva ottenuto il posto fisso, nonostante non avesse neanche una frazione dell'esperienza e qualifiche che lei aveva. Venne fuori che era qualcuno noto al capo dipartimento. Daniela sapeva che avrebbe potuto aspettare anche dieci anni per la prossima chance.

Vedete, le raccomandazioni non sono sempre per un familiare. Può essere che qualcuno deve un favore a qualcun altro, e che un modo per restituire il suddetto favore sia offrire un posto al creditore, o a un suo familiare. Mi ricordo il discorso di Giorgio Napolitano sulla piaga d'Italia. No, non la criminalità organizzata, ma la cultura delle raccomandazioni che prolifera in tutti gli aspetti della vita italiana, sia nel pubblico che nel privato. Come l'ex presidente sottolineò, la pratica continua nonostante la maggior parte degli italiani pensi che debba essere scoraggiata ed infine spazzata via. Napolitano disse che se l'Italia continua a scodellare i posti di lavoro in questo modo, sarà sempre indietro nel cammino per diventare una superpotenza. Se ci sono lavoratori che non sono tra i più competenti e qualificati, chiaramente l'economia soffrirà. E gli altri rischi che tale cultura comporta sono le morti sul lavoro, bambini mal istruiti, strade costruite con grossi problemi strutturali, e così via.

Stefania ha sempre usato la metafora della pizza. La pizza dev'essere divisa per nutrire migliaia, milioni di persone. Stai morendo di fame, e ne vuoi assolutamente una fetta. Sai benissimo che il modo in cui la dividono è sbagliato. Ci sarà gente che non ne avrà neanche un morso, ma sai che ne otterrai una piccola fetta, il che ti fa tirare avanti. Tuttavia, sai che c'è gente che avrà una fetta molto più grande della tua. Cosa fai? Alzi la testa ed esigi che la pizza sia divisa equamente, rischiando di non ottenerne niente? O vai avanti sapendo che il sistema è ingiusto e sbagliato, ma almeno avrai un assaggio di pizza? Sfortunatamente sembra, almeno per ora, che molti italiani preferiscano la seconda opzione. E ci vorrebbero centinaia di migliaia di italiani con abbastanza coraggio da unirsi e sfidare il sistema. Ciò potrebbe succedere tra un paio di generazioni. O forse no. Un sacco di italiani – e nella mia esperienza, tanti sardi - pensano che l'unico modo di farcela sia trasferirsi all'estero.

Da quando vivo qui ho sentito, e conosco personalmente, moltissime persone che hanno deciso di trasferirsi dalla Sardegna per trovare lavoro: soprattutto a Londra e nel Regno Unito, ma anche in altri paesi come Germania, Spagna e Francia. Il problema - e il motivo per cui tanti vanno via - è che ci sono sempre meno opportunità sull'isola, e per i pochi posti disponibili, ci sono i raccomandati. Ciò spinge tanti giovani ad allontanarsi visto ché hanno poche speranze di trovare un buon lavoro. A uno dei nostri pranzi di famiglia ho chiesto se un esodo così grande fosse proprio del tempo che stiamo vivendo. Mio suocero mi ha spiegato che l'emigrazione è un fenomeno sardo da decenni ormai. Infatti, da quando ne ha ricordo.

Dopo la Seconda guerra mondiale, era pratica comune (lui dice che furono decine di migliaia, ma non ha statistiche ufficiali, eh) emigrare "in continente", o in Germania. La Sardegna pare avere un forte legame con la Germania, più di tutte le altre parti d'Europa. Molti emigrati tornarono in Sardegna dopo dieci o vent'anni, a volte con compagni e famiglie tedesche, e ovviamente altri son rimasti in Germania.

Una delle cugine più grandi di Stefania, Patrizia, è sposata con Gianni, uno dei "tedeschi" nati e cresciuti in Germania da genitori sardi, perché il padre allora lavorava lì. La famiglia si ritrasferì in Sardegna alla fine degli anni Settanta, quando Gianni aveva diciotto anni. Gianni, come si può ben immaginare, parla sia tedesco che sardo. L'italiano è la sua terza lingua, il che rendeva le nostre prime conversazioni difficili a volte, ma probabilmente più per colpa mia che per colpa sua. Il fratello maggiore di Gianni è rimasto in Germania, è sposato con una donna tedesca e hanno due figli tedeschi. Vengono in Sardegna ogni estate, assieme ad altre decine di migliaia di turisti tedeschi che in agosto quasi superano il numero dei sardi. Molti di questi "turisti" sono in realtà parenti della gente del posto.

La figlia di Patrizia e Gianni, Alessia, che ormai ha più di trent'anni, è sposata anche essa con un "tedesco" di nome Gianni, come suo padre. Gianni junior è ugualmente nato e cresciuto in Germania da genitori sardi, ma si è trasferito in Sardegna alla fine degli anni Ottanta, a quattordici anni. Gianni junior parla perfettamente l'italiano (assieme ad altre lingue) ma insiste, comprensibilmente, dato che io lo torchio parecchio, che la sua lingua madre è il tedesco. Anche se si considera più sardo che tedesco.

Alessia e Gianni si sono sposati a due anni dal nostro trasferimento. Fu la mia prima esperienza di un vero matrimonio italiano (il mio era ovviamente italo-scozzese). Si sposarono a San Vito, e il matrimonio fu qualcosa di completamente nuovo e illuminante per me. Per prima cosa, i numeri: più di trecento invitati. Ma era anche pieno di tradizione.

La mattina della cerimonia, buona parte di noi (non tutti i trecento, ma solo i più importanti!) seguì Gianni a casa di Alessia, cioè dei genitori di Alessia. Fu una scena bizzarra. Settanta-cento persone si affollarono assieme a Gianni davanti alla porta d'ingresso ad aspettare che la sposa finisse di prepararsi. Una volta che la porta si aprì, la sposa venne accolta con grida, applausi e manciate di riso. Alcuni lanciarono dei piatti a terra (la tradizione vuole che in più pezzi si rompono, più la sposa sarà fertile). Poi seguimmo tutti insieme gli sposi fino alla chiesa. Era come la scena con Al Pacino e Simonetta Stefanelli ne *Il Padrino*.

Il ricevimento fu tanta roba. Per la festa fu noleggiato un intero ristorante con vista sul mare, in una bella serata d'estate. La cena fu incredibile. Ho già parlato del solito pasto elaborato, ma in questa occasione il numero di antipasti, primi, secondi e contorni portati dai camerieri fu infinito. Immaginatevela così: siete seduti al tavolo di un ristorante per bene e dopo aver letto il menù per diversi minuti non sapete ancora cosa ordinare. Allora il cameriere nota la vostra angoscia e vi annuncia che il proprietario del ristorante ha deciso di portarvi una porzione decente di tutto: piatti vegetariani, carne, pesce, frutti di mare, tutto il menù. E inoltre avrete anche tutto il vino che desiderate: rosso, bianco, rosato, e anche liquori e caffè, e una selezione di frutta fresca, e per finire una fetta di torta nuziale.

Ecco, andò esattamente così. La cena iniziò alle otto, e alle due eravamo ancora a tavola. A mangiare. L'ho già detto, ma qui il cibo conta più del bere (per carità, l'alcool si consuma, ma magari non nelle quantità a cui sono abituato io). Inoltre, non c'è distinzione tra cena e festa di matrimonio. Tutti i trecento ospiti rimasero per tutto il tempo. Non c'è distinzione tra le varie "classi" di ospiti. In Scozia, invece, esiste l'abitudine di invitare un certo numero per la cena e si mangia in fretta. Dopo che finisce la cena, inizia la 'vera' festa con musica, ballo e tanti 'drink'. Quindi esistono due classi di ospiti – quelli che sono invitati a tutto (la cerimonia, la cena e la festa) – di solito, una minoranza - e quelli che sono invitati solo alla festa (la maggior parte).

Accaddero altre cose che fecero passare la festa dallo strano, al bizzarro, al sublime. Per prima cosa, c'è la tradizione di mettere a tavola panini a forma di organi genitali. Poi c'è la tradizione di urlare *"urrà"* ogni cinque minuti, come i Maori che fanno l'Haka prima del rugby. Di solito inizia un piccolo gruppo, e tutti li seguono. In alternativa, si urla un *"bacio, bacio, bacio"* che va avanti per un bel po' finché lo sposo non soccombe e bacia la sposa, tutto ciò seguito da un boato di applausi. Il grido del 'bacio' e dell''urrà' viene ripetuto a intervalli regolari, giusto per non farti addormentare. E se non funziona allora un gruppo degli amici dello sposo va in giro per i tavoli vestito da donna suonando fischietti e trombette e chiedendo un'offerta per i neosposi. Il giorno del matrimonio di Alessia e Gianni, il suddetto gruppo di amici li seguì fino a casa, impedendo loro di andare a letto. Non la smisero finché non offrirono loro la colazione.

Il matrimonio fu davvero indimenticabile. Da allora ho partecipato a vari matrimoni, ma quello di Alessia e Gianni è quello che mi è rimasto più impresso. E non finì lì: il giorno dopo eravamo invitati a casa di Patrizia e Gianni senior per un pranzo tra parenti. La famiglia di Gianni junior cucinò il maialetto allo spiedo e lo portò in casa su grandi piatti di legno. Patrizia e Gianni prepararono il resto, quanto a noi, rimanemmo seduti tutto il giorno, ricordando gli eventi del giorno prima. Eravamo una quarantina. Sardi, tedeschi, e uno scozzese.

Dopo pranzo alcuni tra gli ospiti maschi cominciarono a giocare a un gioco parecchio strano, Sa Murra. Un gioco antichissimo, in cui si urlano numeri e si puntano dita, estremamente bizzarro da vedere. Si gioca molto velocemente, e giocarci sembra molto difficile. In effetti è riservato ai pochi che hanno imparato come fare, è un gioco esclusivo. Devono esserci posti specializzati nell'insegnamento di *Sa Murra*, dove solo i più abili sono ammessi per imparare.

L'altro passatempo che ho imparato nel corso degli anni sono i giochi di carte come scopa e briscola, che si giocano con le "Carte Napoletane" (sono un po' confuso perché le chiamano così ma in realtà le fanno a Treviso). Sono come le carte tradizionali ma hanno nomi diversi, e al posto dell'otto, del nove e del dieci ci sono il Fante, il Cavaliere (detto comunemente cavallo) e il Re, quindi il mazzo è da quaranta anziché cinquantadue. Comunque, questi giochi sono più facili da capire di *Sa Murra*, e tutti sono invitati a partecipare. Adesso preferisco giocare con le carte napoletane che con quelle tradizionali. Sono molto più belle a vedersi, e fanno parte del mio processo di adattamento culturale (o del mio fare del mio meglio per integrarmi).

Dicono che i sardi che vanno all'estero prima o poi tornano all'isola. Di certo è stato il caso di Gianni e Gianni junior. Magari ci vorranno cinque anni o cinquanta per capire cosa si stanno perdendo, ma alla fine tornano sempre. Forse non è così per tutti, ma è di certo molto comune. È vero anche nella mia situazione. Cosa succede? Gli viene talmente tanta nostalgia che non vedono alternativa al tornare? Ma non è forse così per tutti quelli che si trasferiscono in un altro paese? È vero per me? Come mi sento nel vivere in Sardegna? Ad essere *uno scozzese in Sardegna*? Mentre guardavo il mare e il cielo stellato che incorniciavano il matrimonio di Alessia e Gianni, riflettei esattamente su questo. Erano passati esattamente due anni dal mio trasferimento a Cagliari. Arrivai a delle conclusioni.

CAPITOLO TRENTADUE

Essere scozzese in Sardegna

Prima che mi trasferissi in Sardegna, un sacco di gente mi disse che mi ci sarebbe voluto un po' per sistemarmi e sentirmi a casa in un posto nuovo. Specie dato il fatto che mi trasferivo in un posto la cui cultura era considerata così diversa dalla mia. Il mio capo, Jim, che ho sempre ascoltato, dal momento che mi ha dato ottimi consigli per vent'anni di seguito, mi disse che dovevo darmi *"minimo due anni"* di tempo per capire come mi sentivo. Meno non sarebbe stato abbastanza. Mi parlò di sua cugina Jean, che si era trasferita in Canada quando aveva circa la mia età. Era riluttante e insicura, Jean disse a Jim che ci sarebbe stata minimo due anni, dopo di che, sarebbe probabilmente tornata in Scozia. Quarant'anni dopo è ancora lì, con poche probabilità di far ritorno "in patria". Avevo promesso a me stesso che mi sarei dato due anni per capire come stavo. I due anni erano scoccati al matrimonio di Alessia e Gianni.

Ho letto da qualche parte di cosa si attraversa quando ci si trasferisce all'estero. Quando arrivi, hai esperienza del classico shock culturale. Ma poi attraversi la fase "luna di miele", a volte chiamata "fase turistica". Le prime settimane sei entusiasta riguardo il trasferimento e il nuovo ambiente. Le differenze sono stimolanti ed eccitanti.

Dopo un mese o due, l'eccitazione comincia a scemare ed è rimpiazzata da frustrazione, e a volte anche rabbia. Questa è nota come "fase di negoziazione" o "irritazione/rabbia". Le differenze col tuo paese d'origine diventano più ovvie e non sono tutte benvenute. Tuttavia, dopo questa fase, l'emigrato dovrebbe passare alla nuova fase di adattamento, ma ci possono volere da sei mesi a un anno per raggiungerla. Cominci ad accettare la nuova cultura, e il fatto che adesso vivi in un ambiente diverso.

La fase finale è l'adozione, quando cominci a fare tuoi alcuni costumi propri della cultura ospitante. Non rinunci completamente alla tua cultura, anche se alcune persone lo fanno. Magari fai domanda per ottenere la cittadinanza. A questo punto, potresti soffrire di shock culturale inverso se mai decidessi di tornare al tuo paese d'origine.

Dopo due anni, dov'ero io?

Credo sia giusto dire che ero alla fase di adozione, e lo sono ancora. Mi viene spesso chiesto, che sia in Sardegna o in Scozia, quale paese io preferisca, e dove la vita sia migliore.

Non è facile rispondere e, anche se può sembrare una banalità, è così: ci sono i pro e i contro. È semplicemente la verità. Devi accettare tutto il pacchetto. Mi infastidisce l'infinita burocrazia, il fatto che devo perdere tutta la mattina per fare una semplice operazione in banca o all'ufficio postale, o se devo andare dal medico. Odio l'esistenza delle zanzare, delle raccomandazioni e dei graffiti, la mancanza di crescita economica e delle infrastrutture, la scarsità di opportunità lavorative, i pirati della strada, l'avversione alle code, il tè di pessima qualità, e il fatto che un barattolo di fagioli con il sugo costi due euro.

Ma sono felice. Perché? È novembre e sono seduto in terrazza con t-shirt e sandali, e il sole mi scalda piacevolmente mentre scrivo. Non indosso le calze da sei mesi.

Ma il clima offre molto di più di "belle giornate" e "niente calzini". Il clima caldo influenza il tuo umore, la tua abilità di fare, la tua alimentazione (finché ti tieni lontano dai bar), e puoi andare in spiaggia alle sette di sera o la mattina presto per una nuotata veloce (e sentirti come Montalbano).

Puoi gustare all'aperto ogni pasto per circa otto mesi all'anno. Questo di sicuro non capita dappertutto. E se magari ciò non sarà soddisfacente per tutti, è ciò che fa per me.

Stefania ha sempre detto che, fermo restando che le piaceva vivere in Scozia, e ci ha vissuto per più di dieci anni, la cosa che trovava più difficile, e che alla fine la spinse a ritornare in Sardegna, era il clima. Diventava depressa da ottobre a marzo per la mancanza di sole (avendo vissuto con qualcuno che ne soffre, adesso credo nella meteoropatia). Non riusciva a convivere con lo stare chiusa in casa coi bambini mentre fuori pioveva a dirotto, o c'era troppo vento, o troppo freddo. Sentiva che era più difficile seguire un'alimentazione sana, perché probabilmente con quel clima vuoi mangiare cibi più pesanti, e non le è mai passato per la testa di andare a nuotare la mattina presto a Portobello beach (la spiaggia di Edimburgo) ("proprio mai?" vi starete chiedendo... o forse no).

Il clima e la vita di qui mi calzano a pennello. Mi piacciono, e, per quanto mi riguarda, sono molto diversi dalla vita che conducevo in Scozia, in senso positivo. Mi piace il cibo. Mi piace andare al panificio per il pane, al mercato per la deliziosa frutta e verdura (tutto a km 0 naturalmente!), e dal macellaio e pescivendolo per carne e pesce. E mi piace che conoscano il mio nome e io conosca il loro. Mi piace andare alle feste. Mi piace andare al mare da maggio a ottobre. Specialmente la sera dopo il lavoro. Mi piacciono le sagre, il presepe, la Befana, e le altre cose di stampo religioso che accadono a Natale e a Pasqua (e ai Santi, che è festa). Mi piace l'attitudine dei sardi verso i bambini. Mi piace il Carnevale. In effetti, mi piacciono tantissimi aspetti del vivere qui che a volte dimentico o che magari non sono ancora entrate nel mio subconscio. Mi piace anche il bidet.

Tuttavia, detto questo, ci sono anche un sacco di cose che mi mancano del vivere in Scozia. Mi manca il verde. Qui il paesaggio è più sul giallo. Secco e arido, e il mio cuore piange quando passo sopra un ponte che sorvola un fiume che non esiste più per il clima. Mentre il clima in Scozia non è dei migliori, genera un paesaggio che è uno dei più belli al mondo, specialmente nelle Highlands, e mi manca.

Mi manca lo sfottò nel mio dialetto. Mi manca poter avere un caffè con latte a qualunque ora del giorno. Mi mancano la mia famiglia e i miei amici. Mi manca il poter chiamare un amico e andare da lui a vedere la partita. Mi mancano gli scone, il fudge, gli haggis, i black pudding (specialmente quelli di Stornoway), l'Irn Bru, i biscotti al burro e molte altre cose, anche se probabilmente fanno male. Mi manca ascoltare la radio in macchina e sentire la mia lingua. Mi mancano le lunghe giornate d'estate quando il sole non tramonta prima delle undici, o mezzanotte. Mi manca poter uscire a tutte le ore a luglio e agosto (sempre che non piova a dirotto!). E mi manca il non dovermi fare quattro docce al giorno nei mesi estivi.

Mi manca la guida prudente. Mi mancano le file ordinate. Mi manca il poter attraversare la strada senza rischiare la vita. Mi manca poter andare dal medico, in banca, alle poste, e non doverci passare tutta la mattina. Mi mancano le persone che fanno del loro meglio per essere puntuali. Mi manca la semplicità delle cose, senza dover compilare infiniti moduli e stampare altrettanti documenti. Mi manca incontrare gli amici da qualche parte e poi ri-incontrarci da un'altra parte, senza doverci andare in convoglio. Mi manca il poter andare per negozi senza dovermi portare dietro la carta d'identità o la patente. Mi manca dover spendere solo ottanta centesimi per una pinta di latte fresco, o due sterline per dei cereali decenti. Mi manca la vista di muri e palazzi che non sono completamente coperti dai graffiti. Mi manca guidare su una strada senza buche. Mi manca poter andare a letto tranquillo sapendo che non mi mangeranno le zanzare. E mi manca poter giocare a biliardino con persone incompetenti quanto me.

A volte mi manca anche la pioggia, porca miseria.

Mi mancano un sacco di cose, ma se dovessi tornare in Scozia, me ne mancherebbero altrettante di qui. E questo è il punto cruciale. Ci sono cose meravigliose nel vivere in entrambi i posti. Immagino che dipenda da quello che ne fai tu. Ovunque tu sia.

Tutto sommato, credo che me la caverò. Starò qui un altro po'. Magari i prossimi quarant'anni. Allora potrò dire che avrò fatto del mio meglio per adattarmi. Ma cambiare la mia nazionalità? Diciamo che per il momento sono contento del mio status di *uno scozzese in Sardegna*.

Epilogo

La maggior parte di questo libro è basata sui miei primi due anni in Sardegna. Tutte le storie che avete letto sono vere. Niente è stato aggiunto o modificato, anche se alcuni degli eventi sono successi dopo i primi due anni. Mentre scrivo l'epilogo, sono più di dieci anni che vivo in Sardegna con la mia famiglia. Non sono tornato in Scozia. A parte il fatto che mi godo i pro e faccio del mio meglio con i contro, ci sono altre tre ragioni che mi hanno spinto a non fare ritorno "a casa".

La prima ragione è il mio gruppo di cari amici che ho conosciuto dopo i primi due anni, poco dopo aver finito la prima bozza del libro. I Celts di Cagliari sono un gruppo di ragazzi scozzesi e irlandesi, la maggior parte sposati con donne sarde, che si riuniscono fino a tre volte al mese per una birra e una chiacchierata. Suoniamo anche musica tradizionale in un bar di Cagliari, che ora è diventato il "nostro" bar, il Lima Lima, vicino via Garibaldi. Non siamo un grosso gruppo, gli stabili sono tre o quattro, gli altri vanno e vengono. Devo molto a loro, specialmente a Brendan, Pat e Christy, i tre capisaldi dei Celts di Cagliari. Senza di loro, non sono sicuro di quanto mi sentirei adattato qui. Ci sosteniamo a vicenda, ridiamo, suoniamo, ci prendiamo in giro e generalmente usciamo come faremmo a casa. Incontrarmi con loro è una parte importante della mia vita adesso e, per fortuna, Stefania capisce perfettamente.

La seconda ragione è che finalmente ho trovato un posto fisso. Dopo aver lavorato all'università per i primi tre anni, e aver fatto progetti di lingua inglese nelle varie scuole, nel 2016 mi è stato offerto un posto fisso in una scuola internazionale, dove insegno matematica in inglese e faccio del mio meglio per usare le mie competenze (non ridete) in bilinguismo. È stato un pezzo fondamentale del puzzle della mia permanenza in Sardegna. Adoro dov'è situata la scuola, nel cuore di Villanova, al centro di Cagliari.

Ci sono quattro quartieri storici a Cagliari: Castello (la parte più vecchia), Marina (vicino al porto, come suggerisce il nome), Stampace (più lussuoso con ville e viali alberati) e Villanova (che è tutto fuorché nuova). Villanova è pervasa da una bellissima atmosfera. Sembra ancora un villaggio, come doveva essere stata secoli fa. Sembra che tutti si conoscano. È pieno di negozi e bar indipendenti, piccoli market, studi di artisti, chiese e piazze. La cosa che amo di più di questa parte di Cagliari e di altre città d'Italia è che il centro storico è stato mantenuto. Non lo hanno raso al suolo e tirato su una moderna mostruosità come spesso è successo in varie città della Scozia, compresa, purtroppo, la mia amata Kilmarnock. A Kilmarnock hanno buttato giù molte parti della città negli anni '70 per fare spazio a un centro anonimo e a una bizzarra (e per i turisti, confusionaria) circonvallazione che manca di carattere e sostanza.

Comunque, tornando a Villanova. Ogni mattina percorro via San Giovanni per arrivare a scuola, oltre la Pasticceria Manuel (qualcuno ha messo in giro la voce secondo cui mi fermo ogni mattina per una *bomba alla crema* appena fatta – affermazioni esagerate naturalmente!), e dopo una piacevole passeggiata di dieci minuti mi trovo in via San Giacomo, dove si trova la scuola. La nostra scuola è molto vicina a Piazza San Domenico, una deliziosa piccola piazza che ha tre o quattro bar e ristoranti che si riempiono la notte, specie d'estate. È viva, vibrante, e merita di certo una visita se mai vi trovate a Cagliari. La piazza è a volte anche teatro di concerti all'aperto. Quelli che lavorano alla scuola vanno in Piazza San Domenico per pranzo prima di tornare al lavoro al pomeriggio. È incredibilmente tranquilla di giorno, paragonata alla sera. Camminare per le strade di Villanova per andare al lavoro al mattino è un vero piacere.

L'adoro e non posso mai immaginare una camminata così bella per andare al lavoro in Scozia.

Infine, la terza ragione è l'esponenziale apprezzamento che nutro per l'isola in cui adesso vivo la mia vita. L'anno scorso abbiamo deciso di noleggiare un camper per cinque giorni ed esplorare parti della Sardegna ancora a noi sconosciute. Siamo andati a Tempio Pausania, un piccolo e pittoresco paese che dà l'impressione di essere in una delle regioni del nord.

Da Tempio Pausania siamo andati a Castelsardo e Stintino, e mentre mi è sempre piaciuta la costa sud-orientale, adesso capisco che è solamente una delle meravigliose coste sarde. Stintino viene sempre nominata come una delle spiagge più belle di tutta Europa, e posso assolutamente confermare che è vero. Da lì siamo andati ad Alghero. Avevo visitato Alghero in passato, ma volevo ricordarmi quanto fosse unico quest'angolo di Sardegna. Alghero fu sotto la dominazione spagnola per secoli e non ha perso la sua traccia ispanica. Infatti, la lingua locale è un interessante misto di italiano, spagnolo e sardo. È difficile da capire, quindi quando sono lì mi limito all'italiano. Da lì abbiamo percorso la costa per arrivare a uno dei posti più incantevoli che abbia mai visto, la cittadina di Bosa, a quarantacinque chilometri da Alghero. Bosa mi ha rubato il cuore. Non la descriverò, non sarei capace. Dico solo che ha vinto il premio *"il borgo dei borghi d'Italia"*. Infine, la nostra ultima tappa è stata S'Archittu, un arco naturale che attraversa il mare sulla costa verso Oristano. La gente si tuffa in mare da lì. Io non ne ho avuto il coraggio, ma mi è piaciuto ammirare gli altri.

È stata una vacanza meravigliosa e mi ha ricordato quanto sono fortunato a vivere in questa bellissima isola. E ci sono un sacco di altri posti meravigliosi in Sardegna di cui non ho parlato. C'è ancora tanto altro da scoprire. Dovrò stare qui ancora un po' per esplorare al meglio questa unica, pittoresca e diversificata isola. E con la Brexit dietro l'angolo, potrei anche decidere di cambiare il mio status: forse dovrò abituarmi ad essere *un italiano in Sardegna*.

BIOGRAFIA

Fraser Lauchlan è uno psicologo, insegnante e ricercatore che ha una lunga esperienza editoriale che comprende numerosi libri, capitoli di libri e articoli pubblicati su riviste accademiche. Lavora come insegnante di matematica in una scuola bilingue a Cagliari, è Honorary Lecturer in Psicologia dell'Educazione alle Università di Strathclyde (Glasgow) e Manchester, e dirige anche un'attività di professional training per insegnanti e psicologi dell'educazione nel Regno Unito. Il suo sito web è www.fraserlauchlan.com .

"Uno scozzese in Sardegna" è la sua prima avventura nella scrittura di intrattenimento. Se ti è piaciuto leggere questo libro, per favore spargi la voce e scrivi una bella recensione. Sarà molto apprezzato!

Printed in Great Britain
by Amazon